企业管理视角下深圳轨道交通前期咨询服务的探索与实践

李 坡 林 强 著

中国建筑工业出版社

图书在版编目（CIP）数据

企业管理视角下深圳轨道交通前期咨询服务的探索与实践 / 李坡，林强著. — 北京：中国建筑工业出版社，2024.12. — ISBN 978-7-112-30327-4

Ⅰ．F512.6

中国国家版本馆 CIP 数据核字第 2024EG3257 号

责任编辑：陈小娟
责任校对：张惠雯

企业管理视角下深圳轨道交通前期咨询服务的探索与实践

李　坡　林　强　著

*

中国建筑工业出版社出版、发行（北京海淀三里河路 9 号）
各地新华书店、建筑书店经销
北京龙达新润科技有限公司制版
建工社（河北）印刷有限公司印刷

*

开本：787 毫米 ×1092 毫米　1/16　印张：8¾　字数：184 千字
2024 年 12 月第一版　2024 年 12 月第一次印刷
定价：**68.00** 元
ISBN 978-7-112-30327-4
（43701）

版权所有　翻印必究
如有内容及印装质量问题，请与本社读者服务中心联系
电话：(010) 58337283　QQ：2885381756
（地址：北京海淀三里河路 9 号中国建筑工业出版社 604 室　邮政编码：100037）

序 一

随着城市化进程的不断推进,城市轨道交通已经成为现代都市建设发展的重要组成部分。在这一领域,国有企业长期占据主导地位,凭借其在基础设施建设和工程咨询方面的丰富经验,发挥了不可或缺的作用。然而,近年来,随着民营企业逐渐进入这一市场,市场竞争的加剧不仅推动了行业的创新,也促使了更高效的运作模式的诞生。

本书正是在这一背景下应运而生,着重分析了深圳地区民营企业在轨道交通前期咨询服务中的表现及其创新能力。两位作者通过翔实的案例研究,揭示了民营企业如何通过创新警觉性和社会网络,准确识别并把握市场机会,并在竞争激烈的行业环境中取得成功。这不仅为我国民营企业在交通工程咨询行业的发展提供了宝贵的经验,也为学术界进一步探讨企业创新成功的机制提供了重要参考。

值得一提的是,本书的研究采用了质性研究方法,通过使用 MAXQDA 这一专业质性分析工具,对大量的访谈数据和行业报告进行了系统的编码分析。作者通过这种方法,归纳出了影响创新机会识别和创新成功的关键因素。MAXQDA 的使用使得研究过程更加严谨,数据分析更加细致深入,为书中的结论提供了坚实的基础。

本书是在第一作者的博士论文基础上,与第二作者共同合作,进一步充实和完善了内容。通过这一合作,书中的案例研究得到了更加深入的分析,理论框架更加完善,内容也更具广度和深度。这项研究不仅丰富了民营企业在创新警觉性、机会识别和社会网络之间关系的理论,也为未来相关领域的研究提供了重要的启示。

作为指导教师,我见证了第一作者在博士阶段的辛勤努力和独到的见解。她具备了独立的研究能力和极高的悟性,研究过程中不仅展现了深入剖析复杂商业问题的能力,还结合其丰富的创业经验,提出了一系列具有创新性和实际应用价值的实证研究结论。这本专著不仅丰富了民营企业家在创新警觉性、机会识别和社会网络之间关系的理论探索,也为未来相关领域的研究提供了重要的启示。

我相信,这本专著的出版,不仅会为学术界带来新的思路,也将为从事轨道交通和基础设施建设的企业,特别是民营企业,提供有力的指导和参考。在此,我诚挚地希望

企业管理视角下深圳轨道交通前期咨询服务的探索与实践

读者们能够从中受益,并与作者一起探讨和推动这一领域的发展。

李　敏

华南理工大学工商管理学院教授

2024 年 10 月金秋于广州

序 二

在快速变化的房地产市场中，创新和适应性是企业成功的关键。作为开发商，我们一直在寻找能够为我们的项目带来独特价值的合作伙伴。当我们第一次接触到"前期服务公司"时，我们立即被其创新性商业模式和对交通综合咨询服务的深刻理解所吸引。

在本书中，作者深入探讨了深圳市的"前期服务商"如何通过其独特的方法论和实践，为深圳轨道交通建设及其周边的房地产开发项目提供了巨大的推动力。通过MAXQDA软件的辅助分析，作者揭示了该公司如何有效地识别和利用创新机会，以及这些创新如何转化为商业成功。

作为开发商，我们深知土地资源的宝贵和城市发展的复杂性。本书提供了一个宝贵的案例研究，展示了如何通过精细化管理和创新思维，将城市轨道交通的发展与土地利用相结合，创造出既符合市场需求又具有社会价值的项目。

我们特别赞赏"前期服务商"在TOD一体化开发方面的专业知识，这不仅为我们的项目带来了设计和规划上的创新，还帮助我们在政策和市场环境不断变化的情况下，保持了项目的竞争力和可持续性。

本书的分析和洞察为我们提供了宝贵的参考，我们相信它同样能够为其他开发商、规划师、政策制定者以及对城市发展感兴趣的读者提供深刻的见解。我们推荐这本书给所有希望在激烈的市场竞争中保持领先并寻求创新解决方案的专业人士。

全国工商管理专业学位研究生教育指导委员会委员
北京大学经济学院特聘教授、研究生导师
亚洲城市大学兼职教授、博士生导师
中国奥园集团党委书记
郭梓宁先生
2024年10月于广州

序 三

在城市规划和建筑设计领域，我们一直在寻找能够将创新理念与实践完美结合的案例。本书的研究案例、研究方法、研究工具启发了我们设计单位对 TOD 一体化开发项目设计管理及报批报建工作的思考。本书深入分析了深圳的"前期服务公司"如何利用其深厚的行业知识和创新的方法论，为深圳轨道交通项目及其周边土地开发提供了专业的项目咨询服务。通过 MAXQDA 软件的辅助，作者不仅揭示了该公司如何有效地进行数据分析和决策支持，还展示了其在项目实践中的创新应用。

作为设计院，我们深知设计的力量在于其能够预见未来并创造价值。我们不仅关注设计的美学和功能性，更注重设计如何与社会、经济和环境的可持续发展相结合。我们特别赞赏"前期服务公司"在 TOD 一体化开发方面的专业贡献，这不仅为我们的设计工作提供了新的思路，也帮助我们在设计中更好地融入了创新和可持续性的理念。

本书的研究成果对于设计院的同仁们来说，是一本值得学习和参考的书籍。它提供了实用的工具和方法，帮助我们在设计中实现创新和卓越。我们向所有对城市规划、建筑设计和交通综合咨询服务感兴趣的专业人士推荐这本书。它不仅能够拓宽我们的视野，也能够激发我们的创造力。

新城市总经理宋波

2024 年 9 月于深圳

前 言

国有城市轨道交通前期咨询企业在承揽项目上有较大优势，原因主要在于国有企业常承接大型基础设施项目和工程咨询服务，积累了大量人才和技术，经验丰富，行业地位较为稳固。然而，近年该行业逐渐向私营企业开放，私营企业开始在该行业崭露头角，一定程度上促进了市场竞争，增加了市场份额，提高了城市轨道交通前期咨询行业的效率和创新程度。在学术界，对于我国私营企业在交通工程咨询行业中企业的创新警觉性、创新机会识别与成功因素案例研究相对较少，因为私营企业相对较新，在交通工程咨询服务行业中的市场份额较小，研究人员可能面临数据获取的困难；此外，交通工程咨询服务行业需要咨询者具有一定的专业知识和技术经验，涉及复杂的工程项目和专业知识，选择该行业中的私营企业创新成功因素进行研究变得比较困难，研究者需要兼顾行业专业知识和商业经验。

在国有主导的轨道交通工程咨询服务行业背景下，本书研究对象是深圳具有轨道交通前期咨询服务专业背景的私营企业，以深圳城市更新土地整备与轨道交通建设两者关联为主线索，研究深圳市轨道交通前期咨询服务公司（以下简称"前期服务商"）如何准确地分析项目痛点，捕获商业契机，组织企业经营发展，实践项目管理并达成目标。笔者通过对该行业中一些典型案例的研究分析，深入探讨"前期服务商"的创新意识、对机会的把握、目标达成的情境因素，以及创新发展路径，对我国具有私营性质的"前期服务商"如何在竞争激烈的环境中生存和发展，提供了研究成果，对创新成功影响因素和创新过程具体实施路径的研究提供了重要的学术价值。

鉴于此，本文的理论基础是资源保存理论、社会资本理论，以及社会认知理论。文献综述部分较详细地分析了相关研究进展和争论，构建了关于创新警觉性、创新机会识别、社会网络、政策支持和创新成功之间关系的分析框架。接着介绍了中国交通工程综合咨询行业的发展历程和现状，以及深圳轨道交通前期综合服务的创新想法和创新过程。本书案例研究针对以下三个问题展开：第一，哪个关键因素显著影响深圳轨道交通前期咨询服务的创新机会识别？第二，对于"前期服务商"来说，准确识别商业机会，是否可以有效帮助其达成目标？第三，从"前期服务商"所具备的警觉性延伸到如何帮助其创新机会识别、阶段性达成创新目标的路径中，有哪些中国的情境因素？

本书采用归纳逻辑，选择案例研究方法，对深圳轨道交通前期咨询服务中具有实践案例经验的"前期服务商"进行案例分析。通过对城市更新实施主体、企业项目高管、深圳地铁公司、轨道交通设计院、政府相关审批部等关联行业人员分类进行深度访谈收集一手数据，整理轨道交通建设中典型案例和行业分析报告等文档材料，获得原始资料共计25余万字，采用MAXQDA进行编码分析。数据编码采用了初始编码、轴心编码和选择性编码，并进行了饱和性检验，质性研究归纳出创新机会识别的影响因素和创新成功的路径。

在深圳轨道交通前期咨询服务探索与实践中，笔者研究发现：①具有私营企业背景的"前期服务商"更具有创造性思维，例如他们对轨道交通中TOD一体化开发与城市更新土地整备项目之间的特殊性更具备有效的识别能力，且专业研判程度、信息差的挖掘能力、市场经济的敏感程度等都更强。②具有私营企业背景的"前期服务商"对项目统筹规划、公共配套等项目痛点更具备创新性思维，更具备创新解决问题的能力，他们懂得如何在政策支持下，有效地整合地铁、资金、房地产三方资源，并利用自身专业知识有效识别商业契机，获取项目。③不同专业背景的"前期服务商"有着不同的经营模式，例如一些私营"前期服务商"依托房地产行业做物业或更新项目的前期收购与并购，资金投入大，属"重资产"型。还有一些则是依托轨道交通规划设计为背景，部分企业还具有设计和施工资质，这些"类设计院"的"前期服务商"为客户提供项目规划设计、项目计划立项、项目代建等咨询服，资金投入少，属于偏"轻资产"型。还有一些则是以上两种经营模式兼具的"前期服务商"，他们往往都具有一定的房地产开发资质或国资背景。④具有私营企业背景的"前期服务商"更能构建有效的社会网络关系，获得各种资源和信息上的支持，例如在专业交流上他们更兼具平等、开放、包容、共赢的创新精神，在商业合作上他们更注重在项目管理中解决问题的灵活性、实操性和经济效益。⑤在激烈的市场竞争中，具有私营企业背景的"前期服务商"更具备适应市场经济变化、政策调整的能力。例如，随着城市发展，深圳已悄然经历着从土地"增量时代"到"存量时代"、从房地产市场"大跃进"到"平稳理性"、轨道交通建设及TOD可持续发展模式从"探索"到"逐步成熟"等系列变化。⑥通过市场淘汰和市场关系的演变，具有私营企业背景的"前期服务商"更重视服务内容、客户满意度及绩效管理。具有一定影响力的"前期服务商"共同推动了咨询服务的专业化、规范化、标准化。这些在深圳市政府有关部门在遴选城市更新和土地整备项目的前期服务商准入条件，又或遴选城市更新项目实施主体资质上都有所体现。⑦深圳轨道交通建设与TOD可持续发展过程中，具有一定资金、专业、社会资源的私营背景"前期服务商"将成为助力深圳市轨道交通建设的重要成员。

本书主要有以下两方面的贡献：第一，丰富了私营企业在创新警觉性和创新成功二者之间关系的理论研究,通过深圳轨道交通前期咨询服务的商业案例分析,提出适合"前期服务商"创新警觉性的特征,包括市场信息敏感程度、创造性思维特点和学习认知能力,丰富了创新警觉性的概念内涵和外延。第二,进一步完善了私营企业在社会网络与创新机会识别之间关系的研究,深入剖析了社会网络与创新机会识别的内在作用机制,打开了二者关系的"黑箱"。

目　录

第1章　引言 ·· 1

    1.1　研究背景和研究意义 ··· 1

    1.2　研究问题与研究目标 ··· 8

    1.3　概念界定 ··· 11

    1.4　研究方法与研究框架 ·· 15

第2章　文献综述与理论基础 ·· 20

    2.1　文献综述 ··· 20

    2.2　理论基础 ··· 27

第3章　交通工程咨询服务的发展历程 ··································· 36

    3.1　中国交通工程咨询行业的发展历程 ································· 36

    3.2　中国交通工程咨询行业的发展特征 ································· 41

    3.3　中国交通工程综合咨询行业的发展趋势 ··························· 43

第4章　深圳市轨道交通的发展历程 ······································ 47

    4.1　深圳市轨道建设历程及土地利用现状 ······························ 47

    4.2　深圳轨道交通对TOD模式的探索 ··································· 51

    4.3　深圳轨道交通建设中TOD面临的困境 ····························· 53

    4.4　深圳轨道交通建设中TOD发展趋势 ································ 55

    4.5　其他城市的相关管理经验 ·· 59

第5章　深圳轨道交通前期咨询服务的探索 ····························· 63

    5.1　行业发展背景及机会 ·· 63

    5.2　轨道交通前期咨询服务行业的困境 ································ 66

5.3	轨道交通前期咨询服务行业的探索	69
5.4	实践典型案例	73
5.5	行业发展趋势	79

第6章 研究方法设计 — 80

6.1	案例选择	80
6.2	数据收集	81
6.3	数据编码	82
6.4	饱和度检验	87
6.5	本章小结	88

第7章 案例分析与结论提出 — 89

7.1	创新警觉性与创新成功的路径分析与结论提出	89
7.2	创新机会识别的中介效应分析与结论提出	94
7.3	社会网络与政策支持的调节效应与结论提出	96
7.4	中介效应的调节分析与结论提出	100
7.5	结论归纳及图示	103
7.6	本章小结	104

第8章 结论讨论与管理启示 — 105

8.1	结论讨论	105
8.2	学术贡献	113
8.3	管理启示	115
8.4	本章小结	116

结论 — 117

参考文献 — 120

后记 — 126

第 1 章 引　　言

1.1 研究背景和研究意义

1.1.1 研究背景

1. 全国轨道交通发展概况

截至 2023 年底，我国（以下涉及全国数据均不含港澳台）共有 59 个城市开通城市轨道交通运营线路 338 条，运营线路总长度 11224.54km。其中，地铁运营线路 8543.11km，占比 76.11%。其他制式城市轨道交通运营线路 2681.43km，占比 23.89%。当年运营线路长度净增长 866.65km。拥有 4 条及以上运营线路，且换乘站 3 座及以上的城市 27 个，占已开通城市轨道交通运营城市总数的 45.76%。

2023 年在建线路总长 5671.65km，在建项目的可行性研究批复投资累计 43011.221 亿元，2023 年全年共完成建设投资 5214.03 亿元，同比下降 4.22%，年度完成建设投资总额连续 3 年回落。全年完成车辆购置投资共计 283.72 亿元，同比增加 12.96%。据可统计的 36 个城市下一年计划完成投资数据预计，2024 年计划完成投资额合计约 4153.59 亿元，其中，计划完成车辆购置投资合计约 216.18 亿元。

截至 2023 年底，城市轨道交通线网建设规划在实施的城市共计 46 个，在实施的建设规划线路总长 6118.62km（扣除统计期末已开通运营线路，以及截至统计期末连续 3 年及以上处于暂停、暂缓状态的项目）；可统计的在实施建设规划项目可行性研究批复总投资额合计为 40840.07 亿元。2023 年，共有 5 个城市的新一轮城市轨道交通建设规划或建设规划调整方案获批，获批项目中涉及新增线路长度约 550km，新增计划投资额约 4500 亿元。

2023 年，我国城市轨道交通运营线路规模持续扩大，日均客运量突破 8000 万人次大关，再创历史新高，悬挂式单轨系统为首次投入运营，已投运城市轨道交通线路系统制式达到 10 种，低运能城市轨道交通系统制式进一步丰富。年度完成建设投资额有所回落，城市轨道交通建设进入平稳发展期，预计未来两年新投运线路与 2023 年基本持平，"十四五"末城市轨道交通投运线路总规模趋近 13000km。2023 年城市轨道交通新增运营线路25条，新开既有线路的延伸段、后通段27段。

从2023年底累计运营线网规模看（图1-1），共计29个城市的线网规模达到100km及以上。其中，上海967.13km，北京907.08km，两市运营规模在全国遥遥领先，已逐步形成超大线网规模；成都、广州、深圳、武汉、重庆、杭州6市运营线路长度均超过500km；南京超过400km；郑州、西安、青岛、天津、苏州5市均超过300km；沈阳、大连、长沙3市均超过200km；合肥、宁波、昆明、福州、长春、南昌、南宁、贵阳、温州、佛山、无锡、哈尔滨12市均超过100km。

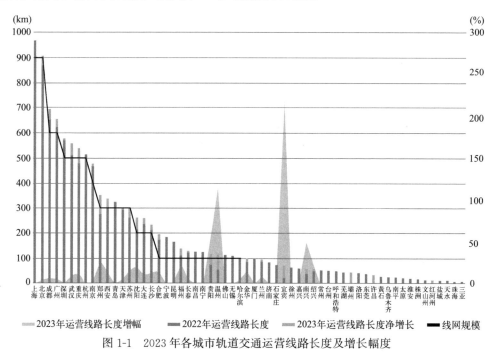

图1-1 2023年各城市轨道交通运营线路长度及增长幅度

2. 国土空间发展与深圳轨道交通的关系

（1）城市定位需要

经过40年的快速发展，深圳从"增量扩张"向"存量优化"转变，存量开发成为公共服务设施用地保障的重要途径。2012年，深圳土地利用模式出现拐点，存量土地供应首次超过新增土地，标志着深圳率先进入了以存量土地供应为主的发展新阶段。截至2018年底，深圳建设用地面积已达$1004.84km^2$，超过陆域面积的一半，土地资源供应面临瓶颈，全市国土开发强度也逼近50%，成为首个遭遇空间资源紧缺约束的超大型城市。2019年，中共中央、国务院先后公布《粤港澳大湾区发展规划纲要》和《关于支持深圳建设中国特色社会主义先行示范区的意见》，赋予深圳新的历史使命，一系列重大战略平台和重大项目即将落户深圳，要求更多的城市发展空间，高空间资源需求逼迫深圳加快向内挖潜存量空间，以支撑城市落实"双区"建设目标及要求，快速建设成为粤港澳大湾区核心引擎及全球标杆城市。

（2）公共利益的需求

《深圳国土空间总体规划（2020—2035 年）》要实现提质增效，在都市圈和大湾区发展背景下，深圳要积极加大轨道交通投资建设，助力打造"轨道上的一小时都市圈"，提出"高质量建设粤港澳大湾区，深化粤港澳合作、泛珠三角区域合作"。深圳积极推动都市圈城际线网及核心枢纽规划建设，通过 TOD 为导向的站城一体化开发来引导资源要素的合理流动和反哺轨道交通建设及运营，成为未来深圳城市发展的必然选择。轨道交通可以极大地提高资源要素的流动效率，大湾区市域间的互联互通，必然会引导人流向中心城市、中心城区聚集，进一步加大中心地区的交通压力、增加居民的通勤距离和通勤时间。

（3）土地空间发展的需求

深圳进入存量时代，轨道交通中涉及 TOD 开发建设，如基于净地开发已难以实现土地空间发展结构优化目标。《深圳国土空间总体规划（2020—2035 年）》提出，至 2035 年全市建筑增量约 4 亿 m^2。在减量发展的背景下，有限的空间资源要素配置应向轨道站点周边、重点片区倾斜，以提高空间利用效能、加速要素资源流动聚集。深圳基本都是先有轨道规划或建设，后有企业圈地开发，缺乏统筹规划，导致站点周边低效利用，布局不合理。通过加强规划统筹，以 TOD 土地复合利用和高强度开发的理念能够促进轨道交通沿线用地的结构优化和集约节约利用。因此，如何合理安排生产、生活、生态空间，促进产城融合和职住平衡，已成为"轨道交通建设发展与土地空间发展"的重要矛盾。

（4）轨道交通可持续发展的需求

打破深圳站点及其周边空间、设施一体化程度不足，以 TOD 理念引导周边地区城市设计建设，推动"站城一体化"高质量城市空间建设。优化轨道站点选点与绿道等绿色出行交通系统衔接存在不足的问题，轨道站点未与周边重要空间建立良好的步行连接，街道路网尺度过大、距离过长，无法营造街道环境；轨道站点及其周边地上、地表、地下空间多互相独立，空间联系不强，人群流动受阻；需通过轨道站点及其周边一体化设计，破解轨道站点与周边空间、设施一体化不足的问题，实现轨道交通站点的站体空间与城市的开发建设及人的深层次需求融为一体，推动城市空间建设的高品质发展。轨道建设进入快通道，基于财政补贴为主的投融资模式难以为继。轨道筹资模式由原先的财政补贴转向"以地养铁"的模式。

3. 轨道交通咨询行业概况

轨道交通咨询服务是随着近现代轨道交通项目实施过程而诞生的一个"新兴行业角色"。其业务聚焦于工程项目建设全过程，为投资决策、建设施工到后期运营维护的全过程提供跨专业的咨询服务，属于国计民生重要的生产性服务业，对城市建设优化发展具有重大意义。根据 2014 年发布的《国务院关于加快发展生产性服务业促进产业结构调整升级的指导意见》(国发〔2014〕26号),交通前期咨询服务行业属于生产性服务业,其特征是具备创新活跃、专业性强、带动作用,以及产业融合度高等显著特征,是各国产业竞争需要抢占的新兴战略制高点。如果能够加快发展交通工程咨询服务业,一方面可以调整产业结构、促进社会经济稳定增长,另一方面又可以有效地激发国内的内需潜力,促进社会就业,不断改善人民生活,促进产业价值链向高端提升。与此同时,轨道交通咨询业务具有较强的城市区域性个性特征,主要是因为各地的城市交通带有明显的城市个性,与城市规模、布局形态、路网结构、经济水平等有着密切的关系。项目所在地的城市交通规划设计单位,具备较为丰富的属地项目经验和业绩,同时可以建立属地交通及城市建设的相关数据库,在业务竞争过程中,具有较强的竞争优势。另一方面,由于交通勘察设计依赖服务方的配合,尤其是在服务及时性、可追踪性方面有较高的要求。因此,项目所在地的企业以其自身的服务半径优势可以进一步提升竞争优势。

目前,中国一线城市在轨道交通基础设施方面的固定资产投资规模仍然保持良好势头,每年的固定资产投资规模都在增加,持续带动交通咨询服务行业市场容量的提升。从业务内容判断,咨询服务包括了招标服务、工程监理等业态。从单个环节看,招标服务去年营收达到4180亿元,同比增长7%[①];工程监理是一种对工程建设实施监控的专业化服务活动,我国工程监理企业2021年的全年营业收入约为9472.83亿元,与上年相比增长31.9%[②]。而交通前期咨询服务于工程项目全过程,把过去单个服务内容整合在一起。因此,交通前期咨询的产业链和价值链依赖于工程项目全生命周期价值链。即交通前期咨询行业处于交通基础设施建设价值链的前端,对下游交通基础设施建设行业存在较强的依附性。未来,随着中国经济进一步增长,必定会推进城市化进程,中国新建项目和改、扩建项目的交通基础设施投资仍会处于较高发展速度的水平,对交通基础设施仍存在较大的需求,也必然形成对交通前期咨询行业形成有利的局面。

然而,目前该行业在学术界和实践方面的研究尚有欠缺,理论指导不足,使其在现实中存在一些亟待解决的问题。首先,轨道交通前期咨询行业在实践中存在一些问题,如服务质量不稳定、服务流程不规范、专业人才缺乏等,不仅影响了行业的发展,也给客户带来了不便,因此,需要加强对行业实践的研究,探索出更加科学、规范、高效的服务模式和管理方法。其次,轨道交通咨询服务公司的创新成功在学术界尚缺乏有效的理论指导,在研究对象方面,由于行业特殊性,现有的研究大多以西方国家的交通前期

---

① 数据来源:2022年工程咨询行业研究报告[EB/OL].(2022-05-25)[2024-04-10]. https://baijiahao.baidu.com/s?id=1733791664226030480&wfr=spider&for=pc.

② 数据来源:2023年中国建设工程监理营业收入、企业数量及从业人员数量[EB/OL].(2023-04-19)[2024-04-10]. https://baijiahao.baidu.com/s?id=1763585838339725796&wfr=spider&for=pc.

咨询服务公司为研究对象,而对于发展中国家的交通前期咨询服务公司创新成功的研究还比较缺乏。因此,现有的研究结果可能并不适用于所有国家和地区的交通前期咨询服务公司。再次,在研究数据方面,现有的研究大多依赖于二手数据,如统计数据、问卷调查数据等。然而,这些数据可能存在一定的误差和偏差,因此可能会影响研究结果的准确性和可靠性。

轨道交通咨询服务的综合发展依赖企业和学术界的共同努力,企业应该加强自身管理,提高服务质量,满足客户需求。学术界应该加强对交通前期咨询服务的研究,为行业发展提供理论支持和人才培养。基于此,本书所选案例为笔者的创业公司,且在行业内具有较强的代表性,由于一手数据资料丰富,可以提供更多的信息和证据,从而增加研究结果的可信度,通过对大量数据的分析和比较,可以更全面地了解研究对象的特征和行为,提高研究结果的可靠性和有效性。因此,本书更加注重研究内容的深入性和研究数据的准确性,以期更好地揭示交通前期咨询服务公司创新成功的影响因素和规律。

1.1.2 研究意义

在当今竞争激烈的商业环境中,创新和创业是相辅相成的关系,二者相互融合、相互促进,共同推动社会和经济的发展。企业家利用创新来改变现状,作为开创企业或服务项目的机遇,因此,企业家需要有目的地搜寻创新的来源,并且发现由于变化而出现的创新机会(Drucker,2014)。因此,笔者查阅大量文献发现"创业与创新"两者并不造成对企业组织与管理研究的重大分歧,认为在本文研究行业案例中,"创业"与"创新"两者的概念差异不大。因此,笔者在查阅大量参考文献时认为,在本文的研究中可将过往研究学者在创业与创新两者概念上几乎视为一致。本文主要是基于企业管理视角,对创新警觉性、创新机会识别、创新成功、社会网络、政策支持等学术概念,在深圳轨道交通综合服务咨询行业中的企业组织与管理的实证研究。

1. 理论意义

研究创新警觉性与创新成功之间的关系具有重要的理论意义,可以为创新研究与创新实践的发展提供有益指导。

第一,本书拓展了创新警觉性与创新成功之间关系的作用路径研究。根据已有文献,多数研究聚焦于企业层面探讨社会网络对企业绩效的影响,关注"前期服务商"的研究相对较少,同时,在相关研究中,大多数仅着重于分析二者之间的直接影响,鲜少有案例研究聚焦于"前期服务商"的创新警觉性对其创新成功的具体影响路径。因此,"前期服务商"具备的创新警觉性如何影响创新成功的路径有待提供案例研究。通过对文献的进一步梳理也可以发现,有一些学者注意到"前期服务商"的心理认知特征在社会网络与创新机会识别之间可能起着媒介效用,如自我效能感(苗莉、何良兴,2015)、创新意愿（王飞等，2015）等，但是，这些学者并未深入分析这些心理特征的本质和维度，因而对中介路径的挖掘深入仍然不够。此外，交通前期咨询服务企业可以通过社会网络实现对创新知识和信息的学习（Shan、Hatfield，2014），进而在此基础上实现有效的机会识别（张秀娥、徐雪娇，2017）。基于此，本文把创新机会识别引入创新警觉性和创新成功两个变量之间的关系研究上，深入分析创新机会识别的中介地位。

第二，分析中国经济发展中，提炼"前期服务商"所处创新环境的情境因素价值。即发掘社会网络和政策支持对"前期服务商"创新机会识别的权变因素，为创新警觉性、创新机会识别与创新成功三者之间关系的案例研究提供了新的企业管理情境视角。在已有研究中，学者们对于社会网络、政策支持对创新成功的探讨大多止步于直接影响和作用媒介，鲜少有学者关注社会网络、政策支持对创新机会识别、创新成功影响路径中存在的权变因素。因此，对于是否存在影响整个作用路径的调节变量的研究十分必要。在交通前期咨询服务企业开展咨询服务的过程中，无论从机会的发现、识别与利用，还是到最终的创新决策，环境的影响都是不容忽视的（Covin、Slevin，1991）。

因此，本文在调节变量的选择上，引入社会网络和政策支持两个变量进行分析，探讨其在创新警觉性、创新机会识别与创新成功三者关系间的影响。同时，分析了社会网络、政策支持对创新机会识别中介效应的影响，分别验证其对中介路径的调节作用，试图丰富现有研究，为创新警觉性与创新成功关系研究提供新的研究视角。

第三，构建创新警觉性对创新成功作用的模型，深入分析前者对后者的作用。创新警觉性是识别创新机会的个体重要特质，而社会网络是交通前期咨询服务企业有效识别商机的重要途径之一（Chesbrough，2003），社会网络可以帮助创新者洞察机会的价值和判断机会的可行性（蒋剑勇等，2014；潘安成、李鹏飞，2014），并将其警觉性进一步转化为对创新机会的识别。在创新研究领域，学者们普遍认同社会网络的作用，然而，鲜有学者深入挖掘创新警觉性对创新成功的具体作用路径。进一步分析，发现较少学者关注创新者在创新警觉性与其创新成功作用机制中可能存在的中介效应、调节效应，构建从创新警觉性到创新成功路径中不同概念关系的整合模型案例研究更是少之又少。本研究引入资源保存理论、社会认知理论及社会网络理论，构建创新者的创新警觉性、创新机会识别、社会网络、政策支持、创新成功五个概念的整合框架，解析创新者创新警觉性对其创新成功的内在作用路径，弥补现有研究的不足之处。

2. 实践意义

探讨轨道交通前期咨询服务在创新警觉性与创新成功之间的关系，可以给"前期服务商"提供一种新的视角和方法，帮助其更好地利用社会网络和政策支持，更好地识别创新机会，提高创新成功的概率。

第一，创新警觉性是一个相对较新的概念，通过深入探讨创新警觉性与创新成功之间的关系，可以为咨询服务企业，尤其是"前期服务商"提供一种新的管理视角和研究方法，帮助其更好地理解创新过程和成功的因素。创新警觉性、机会识别是创新实践中不可或缺的重要因素，更是企业创新过程的起点。因此，无论是在创业还是创新研究领域中，创新警觉性、机会识别始终是研究的前沿和热点。社会网络能够为轨道交通咨询服务企业提供知识、信息和资源，这为其进行商业机会识别奠定了重要基础（Nahapiet、Ghoshal，1998）。社会网络能够为企业提供的价值是巨大的，通过构建网络关系，企业可以获得各种资源和信息上的支持，也可以获得情感上的帮助，这对激发个体或团体组织的创新警觉性，产生创新想法进而识别创新机会具有有效的促进作用。同时，企业在积极利用社会网络关系的过程中，也应当注意自身创新警觉性过程所发生的变化，进而有效促进自身机会识别能力的提升。基于此，本文以深圳轨道交通前期咨询服务为案例，重点探索"前期服务商"的创新警觉性对其创新机会识别、创新成功的传导作用，为探索创新机会识别的提升路径提供有效建议。

第二，为帮助深入剖析"前期服务商"扮演的角色，引入学术中有关创新警觉性与创新成功两个概念，深入探索研究两个概念之间的关系，可以帮助"前期服务商"更好地培养和提高自己在行业中的敏锐性。同时，社会网络构建与利用渗透在企业发展过程中，并形成重要的影响。因此，本书旨在企业管理的视角下，深入分析"前期服务商"如何识别和利用发掘的商业机会，如何组织社会网络资源帮助其提高项目获取成功的概率，如何实现自己的企业管理目标等，这也为同行业的发展实践提供有效的商业管理模式参考。

第三，研究 MAXQDA 在轨道交通建设中运用的实操价值和意义。MAXQDA 作为一款专业的定性数据分析软件，对项目管理具有重要意义，尤其是在处理大量非结构化数据时。它在项目管理中的关键作用主要体现在：

（1）提高效率：通过自动化编码和分类过程，MAXQDA 可以显著提高数据管理的效率，减少手动处理数据的时间。

（2）促进团队协作：MAXQDA 支持多用户协作，允许团队成员共享项目文件和数据，促进团队成员之间的沟通和协作。

（3）增强数据透明度：MAXQDA 的编码和查询功能可以帮助项目管理者清晰地了解数据的组织和分析过程，提高数据的透明度。

（4）支持决策制定：通过可视化工具和统计分析，MAXQDA 可以帮助管理者更好地理解数据，从而做出更加明智的决策。

（5）促进知识管理：MAXQDA 可以作为知识管理工具，帮助组织收集、整理和分析项目数据，形成组织的知识资产。

（6）提高研究质量：MAXQDA 的高级分析工具，如编码比较、主题分析等，可以帮助研究者深入挖掘数据，提高研究的深度和质量。

（7）灵活适应性：MAXQDA 支持多种数据类型和格式，可以适应不同项目的需求，提供定制化的解决方案。

（8）支持持续改进：通过持续的数据分析和反馈，MAXQDA 可以帮助项目团队识别问题和改进点，促进项目的持续改进。

（9）便于报告和展示：MAXQDA 可以生成详细的分析报告和图表，便于向利益相关者展示项目成果和分析过程。

（10）符合伦理和合规性要求：MAXQDA 提供了数据保护和隐私设置，确保研究符合伦理和合规性要求。

总的来说，本文运用 MAXQDI 分析在深圳市轨道交通建设过程中的综合服务类项目数据、文本、政策文件、会议纪要、组织架构，选取典型案例等资料，以企业管理的视角对项目资料进行编码，进一步论证"创新警觉性、创新机会识别、创新成功、社会网络关系、政策支持"五个要素如何在项目管理中发挥作用，这不仅提高了数据分析的效率和质量，而且有利于企业回顾项目经验，优化项目管理流程，并能获得重要支持决策的制定，能够帮助企业有效地维护和保护企业知识资产，对轨道交通项目组织管理极具实操价值。

1.2 研究问题与研究目标

1.2.1 研究问题

轨道交通前期咨询服务企业的发展对国民经济发展有着重要作用，尤其是知识型咨询服务企业的发展，更是备受关注。在过去的几十年中，创新发展非常迅速，对于创新的研究也数不胜数，但以交通前期咨询服务公司作为典型案例的知识型咨询服务企业的研究还比较少。轨道交通前期咨询服务企业是提供与交通工程相关的综合性服务企业，业务聚焦规划、设计、投标、测量、监理、拆迁等全过程相互衔接的综合性服务，以填补以往项目全过程各个环节相互独立而造成的空白、缺陷，通常这些咨询服务公司多属公有制性质。然而，在深圳高速发展的市场经济体制下，为轨道交通前期咨询服务行业提供许多资金、人才、专业等方面的创业或创新契机，不同规模的"前期服务商"也应运而生。这些"前期服务商"通常是由一群与建设项目相关、具有丰富专业知识和经验的人士创立，他们能够为客户，如房地产开发商、业主代表、投资者等提供高质量的项目前期咨询与解决方案，帮助其项目价值链完整、顺畅，使项目的经济效益和社会效益最大化。

当然，这些"前期服务商"的发展并不是一帆风顺的。如遇到房地产市场周期下行或金融投资市场下行期间，相当数量的"前期服务商"将被淘汰，只有一小部分的企业能够不断发展壮大并取得成功。那么，在市场竞争日益激烈的情况下，如何才能够在市场上立足并取得成功生存下来？笔者走访发现，通常公有制的"前期服务商"受到市场影响较小。能在剧烈市场震荡环境中生存下来的"前期服务商"往往都有更高的警觉性，他们往往更能敏锐地捕捉到"恰当时机"，更善于分析市场经济发展规律，更具备专业上的创新意识，更重视服务质量、客户满意度和忠诚度。同时，这些企业都非常懂得充分利用社会网络和政策支持，注重加强与政府、企业和社会各界的合作，共同推动自身发展和专业进步。

实际上，只有当企业能够不断走向成功时，它的重要性才能更明显地体现出来。但是哪些主要因素对"前期服务商"的创新成功起着关键作用，即创新成功的路径是什么？往前推一步，什么因素能影响新创企业机会的识别，即创建一家"前期服务"企业应所具备的特征是什么？创新成功路径中的关键情境因素有哪些，这些情境因素如何对创新成功路径产生影响？上述三个问题是笔者研究思考的基本问题。

现实中，创新成功并不是只要有创新热情就可以的，创新活动对企业或个人有着非常严格的要求，如果缺乏必要的创新素质就盲目创新，创新将很难成功。现有文献针对创新成功所依赖的社会网络相关研究，集中在网络的形成和效应分析上（Hoang、Antoncic，2003），研究侧重于网络构建，而社会网络效应分析的研究则侧重于网络利用，两者都较少涉及创新者"如何构建"及创新之后"如何利用"的具体分析（张慧玉、杨俊，2011），特别是对创新者的案例剖析和反复持续循环的这一"构建利用"过程仍然缺乏基于不同国家、特定情境的认知（Kuratko、Hoskinson，2018）。

鉴于此，本文将在已有研究成果的基础上，构建轨道交通前期咨询服务过程中"前期服务商"在创新警觉性、创新机会识别、社会网络、政策支持和创新成功之间关系的分析框架，并提出相关研究问题，以"前期服务商"为案例对象，通过深度访谈企业创始人、高管、行业主管单位、行业客户等收集一手资料。为此，笔者提出以下三个问题：

问题1："前期服务商"如何识别机会？其影响因素是什么？即其创新机会识别需要具备哪些关键的前因变量？

问题2："前期服务商"在创新警觉性、创新机会识别、创新成功三个概念之间的商业模式与组织实施路径是什么？存在怎样的关系？这些因变量如何影响企业在项目管理中的实践？

问题3：在中国特殊国情背景与经济体制下，伴随城市交通基础设施项目建设的不断发展，"前期服务商"发展会受哪些外界情境因素的影响？

1.2.2 研究目标

本文将围绕"前期服务商"的创新警觉性、创新机会识别、社会网络、政策环境及创新成功之间的关系，逐步递进分析，将其创新成功的路径机制进行归纳总结，对当前"前期服务商"创新具有参考意义及指导价值。本文研究的预期目标为：

第一，通过"前期服务商"负责参与的典型案例研究，质性分析得出"前期服务商"创新机会识别的关键影响因素。创新机会复杂多样，且受多种因素的影响，本文基于现有的研究文献，分析出轨道交通前期咨询服务公司创新机会识别的关键影响因素，即从"前期服务商"的行业特征出发，分析其创新警觉性特质，并展开理论与实践分析。

第二，在企业管理视角下，分析"前期服务商"如何具备创新警觉性，如何识别创新机会达成项目获取，并创新成功的过程。通过深圳轨道交通建设中一些典型成功案例研究，重点研究分析"前期服务商"的商业模式、组织架构、经营运作方法等。

第三，结合中国特殊情境，分析中国经济社会高速发展，尤其是城市交通建设日益完善便利情况下，"前期服务商"创新成功路径的情境影响因素。即在现有关于构建社会网络、对政策的解读和理解、对机会识别的研究基础上，完善不同概念所组合的模型，探讨在企业创新过程中创新警觉性、创新机会识别、创新成功、社会网络、政策支持共五个概念之间关系互动所形成的路径。

一方面，现有文献关于五个概念的研究成果缺乏案例支持，尤其是量化研究中，有关社会网络研究仅关注了网络规模、强度、类型及结构，而本研究将聚焦行业中的案例企业，剖析"前期服务商"在识别创新机会中所依赖的社会网络影响，包括对其创新想法的肯定、创新过程中涉及的资源整合能力和融资能力，以及机会识别能力等提供的建设性意见。另一方面，本案例研究通过深度的质性数据分析，基于创新警觉性、创新机会识别、创新成功的路径，对"前期服务商"所积累的社会网络特征、得到的政策支持程度给出综合分析与评价，为企业组织与实践管理研究提供新的思考视角。

近年来，中国的经济发展和创新热潮受到了广泛的关注，中国的政策环境、市场需求和人才储备为创新提供了宝贵的机遇和资源。随着移动互联网的发展，以及大数据、人工智能等技术的应用，中国创新研究也在不断变化，国内市场呈现出了多样化的需求和机会，在中国特殊的社会和市场环境下，许多企业都会面临着创新性发展的问题。因此，关注创新性的市场场景和本地化创新的可行性案例研究，对探索更加适合中国市场企业管理的创新模式和发展道路是十分有必要的。

1.3 概念界定

1.3.1 创新警觉性

创新警觉性被界定为一种能力，即创新者在创建企业或者创建新的业务活动中识别到商业机会的能力，是创新成功的基础和关键因素之一。近年来，越来越多学者关注创新警觉性，成为创新研究中的一个重要领域。该概念主要为创新者观察和感知能力，是学术界研究创新者特质的一个重要概念。尽管引起了学术界的广泛关注，但创新警觉性的定义仍然缺乏统一性。

最初是由经济学家 Kirzner 在 1973 年首次提出"创新警觉性"的概念。他将其定义为一种能力，即"不进行搜寻就能敏锐感知到其他人被忽略的机会能力"。之后 Kirzner（1985）重新补充了该定义，认为"创新警觉性是主动判断未来机会的一种能力"，这一界定为后续研究者的探索奠定了基础，越来越多的学者注意到创新警觉性这一概念。Tang 等人（2012）在 Kirzner 等学者研究成果基础上，基于认知理论，提出了警觉性是"创新者"在市场、技术，以及政策和竞争形势变化的情境中能够有效识别机会的敏锐洞察能力。Shane、Venkataraman（2000）进一步指出，创新警觉性是一种个人自身具备的能力，帮助他们透过既有信息识别出解决现有市场问题和需求的新方案。Kaish、Gilad（1991）调查了 51 家公司的创始人和一家大型公司的 36 位高管，发现创新警觉性这一概念的本质是"创新"面对诸多信息流，以提高创新者遇到机会的概率，但他们不会不刻意搜寻某个特定的创新机会。

创新警觉性研究的不断展开激发了许多国内学者的兴趣。魏喜武（2009）提出，警觉性的概念发展经历了三个阶段——提出阶段、深化阶段和重构反思阶段。至今，国内外学者基本认同 Kirzner 的定义。姜忠辉等（2023）认为，警觉性是一种在工作活动中对周围资源保持的一种敏感性。陈敏灵和毛蕊欣（2021）认为，警觉性是指员工在创新活动中认可、匹配及利用资源的能力。

创新警觉性涵盖了创新者对环境中信息的敏锐感知、对机会的识别与评估，以及快速行动的能力。鉴于此，本文将围绕创新警觉性的核心内涵展开，即"创新警觉性是创新者所具备的一种持续关注那些尚未被发觉的机会的能力"，并通过实证研究来探索创新警觉性的内涵和外延。

1.3.2 创新机会识别

创新机会识别是个体或组织通过对市场环境和资源的洞察、分析和解读，发现和识别潜在的商业机会的能力。在学术研究中，创新机会识别受到广泛关注，研究者们从不同的理论和方法入手，对其进行了深入的研究和探讨。

伴随着创新研究的不断深入，学者们发现创新机会识别的研究价值逐渐显现，并成为创新领域的研究前沿，企业可以从纷繁复杂的各种创意中决策出符合创新者心目中的创新时机，并不断持续开发这一机会，使之成为真正的企业（林嵩、姜彦福、张帏，2005）。

然而，目前学界对创新机会识别的界定存在争议，创新机会识别、创新机会评估和创新机会开发等相似概念混淆在一起，尚缺乏统一的定义（张红、葛宝山，2014）。有学者认为，创新机会识别围绕的关键问题是"为什么是这些人而不是其他人识别了这个创新机会"（Shane、Venkataraman，2000）。根据这一争论，学界存在两种观点：一种观点认为，创新机会是客观存在的，即独立存在于环境中等待被发现。例如，Gaglio、Katz（2001）认为机会是客观存在的，但发现机会的创新者之间存在显著差异。Choi等（2008）认为识别机会的信息是完备的，发现机会的创新者则是随机分布的，在获取信息的能力上创新者不存在多样性，并不是只有特定的创新者才能识别机会。

另一些学者从主观认知视角出发，认为创新机会之所以被某些人识别，是因为不同创新者对新价值创造敏感度存在差异。例如，Ozgen、Baron（2007）将创新者捕捉并把握创新机会的行为，视作一种独特的感知方式，从更深层次理解和解读，就是一种本质上属于个人所独有的认知现象。Baron、Ensley（2006）认为创新者们对创新机会的识别，其实是建立在他们个人对技术进步、创新者群体特点、市场和政策等多个方面的动态变化、特殊事件，以及发展趋势的深入理解与个性化解读之上，从而形成独特的创新灵感的思维过程。Alvarez、Barney、Anderson（2012）认为创新机会发现和创新机会创造是创新机会识别的两种不同方式。Cooper等学者（1988）通过对企业家看待自己创新成功的系统研究，发现企业家可以通过对市场的"感知"非正式地或本能地感知创新机会。

后来的研究者综合了上述两种观点，认为创新机会发现的途径并不是单一的，而是处于两种状态之间。在国内，大部分学者倾向于从创新机会识别的特质这一角度进行深入探讨，并将创新机会的识别拆解为针对创新机会盈利性的评估，以及针对创新机会可行性的探究。例如，苗青（2006）构建了可行性、盈利性、新颖性、持续性、独立性和实践性六个细分维度，用以研究创新机会识别；张秀娥、王勃（2013）则将创新机遇的识别划分为两个重要维度，即创新机遇所具备的盈利潜力及创新活动是否具有充分的可行性。笔者通过对机会识别概念的文献梳理发现，学术界主要存在两种不同的解释，即客观存在论和主观感知论，两者的研究正在朝着中立的方向发展。

总的来说，本文研究的"前期服务商"属于深圳轨道交通建设过程中诞生的新兴角色。笔者通过大量走访调研，发现这些"前期服务商"都具备敏锐的市场洞察力、创新能力、风险意识和执行能力等多种素质。在得到市场环境和社会需求等客观因素的支持下，通过对市场、技术、竞争和社会环境等方面的分析和研究，发现潜在的商业机会，并利用自己的创造力和创新能力将其转化为具有可行性的经济效益的商业模式。

1.3.3 社会网络

社会网络概念起源于社会学，是社会学家在分析人际互动时发现的重要理论。社会网络也被称为关系，包括人与人之间直接的社会关系，以及通过物质环境和文化共享而形成的间接社会关系（Mitchell，1969）。在中国特殊情境下，关系是中华传统文化中的一种特殊社会现象，作为连接社会资源的纽带，关系对于资源匮乏的新创企业尤其重要，是推动其生存和发展的重要支柱。社会网络不仅可以帮助创新者从家人、合作伙伴、所在社区等不同层次、不同种类的关系中获得重要资源，还可以帮助创新者获取潜在的市场信息和资源，进而激发创新者的创新想法，发现并识别创新机会（苗莉、何良兴，2015）。因此，创新者个人所积累的社会网络被定义为创新者最重要的资源（王国红、周怡君、邢蕊，2018）。

每一个微观个体对社会网络的理解最容易测量，影响也最为直接，因此受到的关注也最多（马光荣、杨恩艳，2011）。Jacobs是最早在社会资本理论研究中提出社会网络的学者，他在进行城市社区研究时，将邻里关系网络界定为社会资本（Jacobs，1961）。Putnam等认为社会网络与社会规则、信任一起，属于社会资本的范围，是指个人或家庭所拥有的亲戚、朋友、同事或邻居等构成的关系网络（Putnam，et al.，1993）。Bourdieu则把社会资本与社会网络挂钩，并界定为由网络共同熟悉或认可而形成的社会资源。中国学者认为"网络的规模大小也直接依赖于个人拥有的社会资源的数量"（郭云南、张晋华、黄夏岚，2015）。

在研究社会网络时，通常会因研究目标、研究对象的差异而选择不同类型的社会网络，对于社会网络的定义和划分也有不同的观点。例如，在国内，以家庭血缘、姻亲为纽带的宗族网络成为学者关注的对象，而在国际上，印度的种姓制度和美国的俱乐部现象也备受研究者重视。Granovetter是首次将社会网络中的关系划分为强关系、弱关系，其中强关系是由具有相似社会经济特征的个体间发展出来的，而弱关系则是由社会经济特征不同的个体间发展起来的。关于强关系与弱关系在信息获取方面的作用，学者们观点不一。一些学者认为，弱关系能够跨越其他阶层获取信息和资源，在信息获取方面的作用更为显著，可以提供多种信息，从而更有力促进创新的产生和发展。而另一些学者认为，高密度的社会网络可以带来信任、相互交换利益等优势，最终可以开发促进创新机会。对于这一争议，有学者提出可能的原因是不同的社会网络在创新的不同阶段发挥着不同的作用。此外，还有学者将社会网络分为利益网络和情感网络，例如，杨国枢认为关系是一种特殊的社会网络，连接着利益各方，人们可以借此获得额外利益；而Yeung、Tung认为，拥有关系就拥有了资源，关系能为企业带来信息、资金及其他对新创企业来说非常重要的东西。

总的来说，社会网络是一种复杂的社会结构，反映了个体之间的关系和互动，对个体的行为和社会现象产生着重要影响。在本文对社会网络的概念进行界定时，我们希望不带任何倾向，围绕其核心本质，从原始资料中通过扎根理论进行构建，丰富社会网络的概念内涵和维度构建。因此，本文采取的社会网络定义是广义的，即能反映个体之间的关系和互动，对个体的行为和社会现象产生着重要影响的一切关系总和，并从自身的社会网络关系中，提炼出同质性网络和异质性网络两种类别。

1.3.4 创新成功

随着中国鼓励创新，越来越多的人选择创建自己的公司，学者逐渐把研究焦点从普通职员转向创业者身上，高度关注创业成功的界定。至今，创业成功被认为是一个多维概念。虽然所有的创业者都渴望成功，但是不同的人对成功的定义标准是不同的。有的创业者把公司最终在股票市场上市或者获得利润当成创业的唯一目标和创业成功标准，而也有人将营业额增长、用户数扩大作为衡量创业成功的指标，还有些学者将客户满意度当作创业成功的关键指标（陈建安、陈瑞、陶雅，2014）。

所有学者都承认创新成功是一个多维概念。因此，在国内外主流的学术界，不存在测量创新成功一致的方法或标准（孙国翠、王兴元，2012）。目前对创新成功的研究，大多数聚焦在影响及决定创新成功的关键因素上，例如，有的学者发现创新警觉性和创新机会识别是决定创新成功的关键因素（张秀娥、王超，2019）。但经济环境不断改变促使人们寻找相互支持，学者发现社会网络在创新过程中发挥重要作用，因此他们观察到社交网络和商业网络不断扩大和加深的情况下，创新警觉性对新创企业成功的驱动效力被不断放大（Kaish、Gilad，1991）。有学者认为，创新成功是职业成功的发展和延伸，个体创办企业与普通员工一样，都是一种职业选择的结果，因此创新成功与职业成功可以相互比较（陈建安等，2014）。沈超红和罗亮（2006）基于5家企业的创始人访谈数据分析，发现他们非常重视的顾客满意度、员工满意度、产品创新能力、市场占有率等都可以成为创新成功的评价指标。Newby等学者（2012）进一步研究，发现新创企业成功的评价指标可以包括收入增长、市场份额、边际利润、股东财富、雇用员工数、员工流失率等。张秀娥等学者（2017）研究认为，创新型企业成功的维度既可以是财务绩效指标，也可以是非财务绩效指标。孙国翠和王兴元（2012）的研究发现，对于创新者而言，他们所理解的"成功"实际上是由个人内在与外在多种因素共同交织而成的结果。换言之，所谓的成功，本质上是受限于个体差异、文化背景及性别的影响，同时内外部因素也会影响创新成功的界定，外部因素包括创新所处的历史阶段、项目所位于的国家和地区独特的文化背景、相关产业及企业组织架构等，内部因素则包括创新者的年龄、职业经验、教育背景及雇佣水平等。

综上所述，创新成功的定义是一个复杂的问题，且创新成功是一个相对的概念，因为每个人对成功的定义可能不同，取决于创新主体自己设定的目标和他们在实现这些目标的过程中所获得的经验、知识和技能。结合访谈与案例分析材料，笔者认为创新成功即"前期服务商"项目管理阶段性目标实现,主要包括实现企业存活、创造有价值的产品或服务、经营状况良好、财务指标良好,以及对社会产生积极影响等。

1.3.5 地铁物业

准确来说,地铁物业基本分为三类:第一是地铁商圈物业,距离地铁站500m范围内的物业;第二是地铁沿线物业,即地铁线经过的物业;第三地铁上盖物业。在业内人士看来,真正意义的地铁物业应该是地铁上盖物业。而从全球范围来看,地铁上盖物业的升值是较快的、保值是较稳定的。在每一个城市,但凡地铁规划一出,"地铁沿线""地铁上盖物业"等总会成为地铁物业所追逐的词汇。从地铁周边物业价格变动的空间特征来看,第一,地铁一旦规划开建,在主城区内的地铁物业价格变动,远远没有近郊区的大。因为在商业配套已经较为成熟的主城区,区位条件已经相当优越,地铁对物业的价格影响有限。但是在接近城市的边郊地区,由于地铁修建后可使其区位条件改善较大,因此投资对周边地区产生的效益也较大,价格提升也较为明显。第二,一般理想状态下,距离地铁站点越近,物业价格也就越高,呈现出正态分布的特征。第三,同种类型的物业,在车站附近的,价格往往要高出10%~20%。据权威统计数据表明,在国际城市规划中,地铁上盖物业已经成为发展潜力大、实用程度高、抗风险能力强的城市高效物业形式。当地铁已经成为现代城市建设的必需品时,地铁上盖物业的价值和优势也随之变得异常明显,具体体现在以下三个方面:

一是交通便利,发展前景好。每一处繁华中心,都是位居交通要道或交通枢纽之地,便利的交通带来的直接影响便是超高的人气,而人气则是商家选址的最大因素,也是商家的必争之地,所以说地铁上盖物业的发展前景较好。

二是物业保值,升值潜力大。从存量来讲,地铁上盖物业在城市所占的比重非常小,如果开发商能拿到地铁上盖的一片土地,无疑会充分利用其便利性打造一个充满升值空间的优质建筑。

三是需求量大,抗风险能力强。无论是居民购房还是企业选址,轨道交通给生活带来的便利性与高效性肯定是其选择物业的主要原因,所以地铁上盖物业是最好的选择,而对于投资者来说也可以算是低风险、高回报的便捷方式。

1.4 研究方法与研究框架

1.4.1 研究方法

1. 案例研究

案例研究是一种社会科学研究方法,属于经验性研究方法的范畴。经验性研究方法是对非经验性研究方法的一种对应，包括实地研究、实验研究和调查研究。案例研究与实地研究紧密相关，在某些学科中被视作实地研究的一部分，而在另一些学科中被单独看待。

相较于非经验性研究方法，以经验为基础的研究方法在有效性方面略显不足。对三大具有代表性的经验性研究方法而言，实验研究是在保持较高的可控性前提下，针对特定议题进行深入探讨的有效手段。反观实地研究与案例研究两种方法，尽管它们在表面结构及内在效能方面拥有一定的优势，然而在外部有效性方面却容易受到研究计划设定和变量调控等因素的影响。至于调查研究方法，其有效性则位于实地研究/案例研究和实验研究之间。在实践应用环节，实地研究/案例研究的可信度与有效性评价很大程度上依赖于研究人员本身的能力水平，其中包括正确并有目的地选择研究课题、精心设计研究过程、有效地采集资料和数据，以及娴熟地运用相关理论知识和恰当分析方法来概括出研究结果的能力。

研究方法也需要吻合研究目标与研究问题，笔者认为行业典型案例研究十分契合本文的研究目标，其作用具体表现在以下三个方面：

第一，在中国特定情境下，笔者提出新的研究问题，现有的理论框架并不能很好解释该问题的演化路径，案例研究对构建新的理论框架，或者发展新理论有所贡献。

第二，案例研究能够很好地为理论发展提供更多证据。

第三，在案例研究中，我们可以将其与现有的理论观点进行深入全面的比较和分析，从而尝试解决那些现有理论无法合理解释的实际问题，这一过程不仅有助于强化或纠正已存在的理论体系中各个相关范畴、概念之间的结构关联及其相应准则，还能够为这些理论提供坚实可信的支持依据。

2. 扎根理论

扎根理论（Grounded Theory）是20世纪60年代由美国社会学家格拉泽（Barney Glaser）和斯特劳斯（Anselm Strauss）在研究医院组织与临终医疗过程中联合提出的，是质性研究中一种重要的理论建构方法。扎根理论强调在原始数据的基础上进行理论归纳，通过对质性数据的编码、概念化和分类，建立起与研究现象密切相关的理论框架。扎根理论最关键的特点是强调理论必须植根于数据，是从原始数据中提炼概念和范畴、建立关联的过程。研究者不对研究对象进行预设的假设推论，而是直接从数据本身出发，通过对素材的不断质化提炼，逐步抽象出理论。扎根理论认为，只有理论植根于原始数据，才能反映研究对象的本质特征，具有解释力和预测力。

扎根理论采用不断比较数据的方法获得概念和理论。首先将数据按类别进行开放式编码，给不同概念命名。然后将这些概念进行关联式编码，建立概念之间的关联。最后进行选择式编码，找出核心概念，并与其他概念建立系统联系。在这个过程中，不断通过对概念和理论的比较，优化和丰富理论内涵。扎根理论认为适当运用文献可以扩大研究视野，但是不能被文献主导，需要和原始数据相结合。研究者要保持开放和批判的态度，不能被已有理论局限，要从数据中发展新概念。

本文采用扎根理论方法探索"前期服务商"的创新性商业模式原因在于：第一，对于创新机会识别与创新成功之间的关系路径，现有理论尚无法全面解释，而质性研究提供了一种"新的证据"理论；第二，当社会上新出现的现象使得原有理论无法有效回应时，可以通过扎根理论建构更有效的理论，以求得问题的解决；第三，扎根理论是一种全面梳理事实、对话，进而将其构建成理论的方法论，有助于探索新现象背后的实质性理论。同时避免一般定性方法规范性不足的缺点。通过对质性资料的归纳建立起理论，扎根理论研究方法提供了深刻的见解，并揭示了新的理论方向，因此，基于深度访谈的扎根理论质性研究方法，是探索"前期服务商"创新性商业模式影响路径的最有效、最自然的方法，符合本研究的目标。

3. 文献研究

通过阅读大量相关文献来获取支持研究展开的资料，被称为文献研究法。文献的搜索要根据研究目的来确定，这些来自于数据库的文献总结和沉淀了以往学者或创业者的研究发现或者实践经验，是前辈的精华资料。因此，文献研究法是所有学术研究的基础，各种学科研究中常常运用文献研究法。

文献研究法的主要作用有四个方面：第一，搜索中外相关文献，了解有关研究问题的历史缘由和现状，可以帮助确定有学术价值的研究问题；第二，文献研究可以帮助形成对研究对象的初步印象，有效建立观察和访问的思路步骤；第三，使用文献研究法可以获取大量丰富的相关理论支持，有效与现实资料进行比较；第四，检索到的文献可以帮助本研究较深入了解研究问题，因此本研究引用了大量文献。

1.4.2 研究工具——MAXQDA

MAXQDA 是一款专业的定性数据分析软件，它广泛应用于社会科学、人文学科、健康科学、教育研究等领域，能够帮助研究者进行数据的编码、分类、比较和可视化分析。软件提供了多种工具，如文本、音频、视频和图片的导入、转录和分析，以及数据的查询和报告生成。自 1989 年首次发布以来，MAXQDA 一直是世界各地的学术及研究机构的选择，MAXQDA 已经发展成为世界领先级的质性分析及科学管理软件。它能对分析文本任意主题加以评价和浏览，具有强大的编码功能，可以随意创建数据间的简单或复杂关联，并建立矩阵数据，在矩阵浏览器中直接阅读和处理这些数据，且可以通过树状图、柱状图、词频显示等可视化方式呈现，增强视觉效果。本研究以 MAXQDA 为辅助分析工具，对大量访谈数据进行编码分析。

1.4.3 研究思路框架

本文的章节分配如下：

第1章为本研究的基础，即引言。该章阐述了研究的背景与意义，研究问题与研究目标，相关研究概念界定，研究方法与研究框架。

第2章为文献综述与理论基础，通过回顾创新机会识别及其影响因素、创新机会与创新成功关系研究、社会网络与创新机会及创新成功关系研究等文献，找出合适的理论分析框架，结合资源保存理论、社会认知理论与社会资本理论，为本研究奠定坚实的理论基础。

第3章为交通工程咨询服务的发展历程，从中国改革开放后交通工程综合咨询行业的萌芽、成长与发展成熟历程，对行业进行详细描述，并结合行业特性进行分析，为更好理解本案例奠定基础。

第4章为深圳市轨道交通的发展历程，从深圳发展的视角下，通过系统分析深圳轨道交通建设中有关TOD一体化开发的发展历程、现状及困境，对深圳轨道交通建设及站点周边用地二次开发情况进行详细描述，并结合深圳轨道交通行业特性进行分析，为研究深圳本土案例奠定基础。

第5章为本研究案例的重点阐述，说明行业的典型商业案例，深入剖析"前期服务商"的创新性商业模式、经营组织架构、实践过程、取得成效等。

第6章为案例研究方法设计，主要说明研究方法、访谈提纲设计、数据收集方式、数据处理方式。研究根据已有文献对创新成功及其相关因素进行总结，选取15位重点社会网络人士进行深度访谈，并利用质性分析软件MAXQDA对访谈内容进行文本分析，整理出企业"前期服务商"创新成功路径，并通过扎根理论三级编码进行分析提炼。

第7章为具体的数据分析。根据扎根理论编码提炼出的相关概念间的联系，提出八个结论。

第8章是对模型的进一步讨论与启示。结合本研究案例创新成功路径分析，为创新活动研究提供相关经验参考，丰富学术价值，并对企业创新活动作出管理启示。

综上所述，本文首先梳理相关文献资料，针对创新警觉性、创新机会识别、创新成功、社会网络、政策支持等相关概念涉及的内容展开分析，归纳出八个结论。分析中依据的理论包括资源保存理论、社会认知理论与社会资本理论的应用，在已有研究的基础上建立本文的研究思路，并结合本研究案例的特点，进一步分析"前期服务商"创新成功影响因素及创新过程路径和结论。基于研究目标和研究问题，通过扎根理论构建"前期服务商"创新成功机制的实质性理论，进一步提出管理启示与学术贡献。本研究具体思路框架如图1-2所示。

第1章 引言

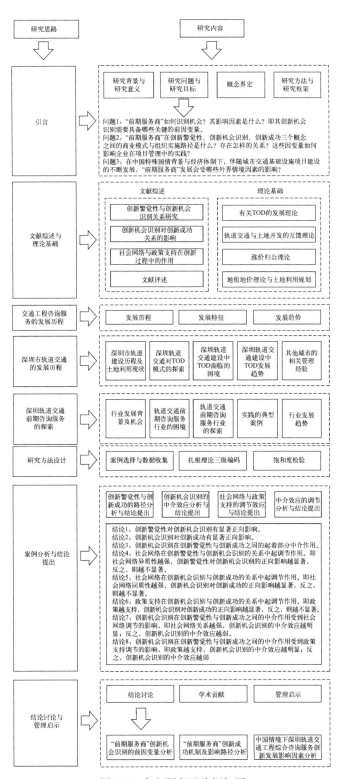

图 1-2 本文研究思路框架图

第 2 章　文献综述与理论基础

创新既不是科学，也不是艺术，而是一种实践，它有其知识基础。创新涉及新方法、新技术的开发和采用，是对这些方法和技术进行商业化应用，将创新理念转化为实际产品或服务，进而创造经济或社会价值的过程。例如：麦当劳所表现出来的即是"创新精神"。毫无疑问，它没有发明出任何东西。早在多年以前，美国任何一家高档餐厅就已经开始生产麦当劳日后制造的最终产品。然而，通过运用管理观念和管理技术（思索顾客对于"价值的理解"）将"产品标准化"，设计科学的制作过程及操作工具，并且从工作流程的分析出发，合理设定所需要的员工，制订培训标准。这样，麦当劳不但大幅提高了资源的产出和效益，而且还创立了一个全新的市场氛围和新顾客的群体，这就是创新精神（Drucker，2014）。不难看出，创新者或创新型企业往往会利用创新性的商业管理模式来推动改变"价值不高的市场现实"，以此获取一些创新机会或者服务项目的机遇。

笔者认为，创新是创业的基础和动力源，提供了创业的机会和手段；而创业则是创新的具体表现形式和实践过程，通过市场验证和推广创新成果。同时，创新的实践反过来也能促进创新的发展，为创新提供持续的动力和支持。此外，创新和创业之间的关系是动态的，创新的成效可以通过创业实践来检验和证实。本文研究案例中，并不严格界定创新、创业两者概念上的差异，笔者通过大量访谈发现，创业与创新两者互相渗透，在研究案例组织与实践管理之中，两者都可作为企业管理的精神内涵。

2.1　文献综述

2.1.1　创新警觉性与创新机会识别关系研究

创新警觉性和创新机会识别是创新领域的重要研究议题，前文界定过，创新警觉性被描述为持续地关注那些尚未被发觉的机会的能力，是"前期服务商"对环境变化的敏感程度和快速反应能力；而创新机会识别则是"前期服务商"发现、评估和利用商业机会的过程，是一个主观与客观相结合的过程，既需要"前期服务商"具备敏锐的洞察力和创新能力，也需要市场环境和社会需求等客观因素的支持。

创新警觉性与创新机会识别之间存在复杂的关系。创新警觉性可以促进个体对环境变化的敏感程度和快速反应能力，从而有助于发现和识别商业机会。同时，创新机会识别也需要个体或组织具备一定的知识、技能和经验，以及对市场需求和趋势的深刻理解。因此，创新警觉性与创新机会识别之间的关系是相互影响、相互促进的。Jason Arentz 等人通过对 64 名法学生的故事进行模拟实验发现，这些创新者过去的经历会提高他们的识别机会能力，也就是说过去的经验能够使其眼光更加敏锐和独特，该研究说明在特定的市场环境中，创新者过去的经历会影响他们对市场机会的警觉程度，进一步影响他们对创新机会的识别能力；Baron、Ensley（2006）提出，相较于新人创新来说，有经验的创新者有更丰富的商业机会认知，因此有经验的个体能够更好地抓住创新机会。中国学者也进行了丰富的研究，例如，王竞一和张东生（2015）提出，创新者个人心理特质是影响其创新机会识别的重要因素；林嵩等（2005）发现创新者的机会识别能力是一种具有主观特质的行为，也就是说，即使市场上有一个非常好的创新机会，也并不是每个个体或组织都能识别并利用好这一机会，他们提出创新机会识别受创新者个人特质的影响非常大。

现有研究发现，创新警觉性与创新机会识别之间存在显著的正相关关系。创新警觉性越高，越容易发现和识别商业机会。例如，国外学者 Lumpkin、Lichtenstein（2005）发现，创新者需要保持对外界信息的警觉性，这样才能提高他们对创新机会的识别能力。这种警觉性能够帮助他们发现潜在的、未被他人开发的、有价值的商业机会，并最终实现其价值，获得利润。Christman（2000）发现，创新环境的复杂性能够影响创新警觉性，在企业创立初期，个体或企业能够获取和支配的资源较少，此时创新者会谨慎地识别和开发市场机会，保持较高的警觉性和敏感性。Shane 等（2000）提出，创新机会识别之核心在于洞察并把握市场环境中所孕育的商业机遇，创新者需凭借敏锐洞察力，识别潜在可供运用的机遇，从而实现新创企业的创立与发展。Ko、Butler 在 2003 年针对创新性的思维发散能力、创新敏锐度与其所能发掘出的机遇之间关联性展开了深入的实证调查。另一方面，Ardichvili 等构建了一个基于创新者素质的甄别模型，他们认为越能展现出强烈创新敏锐度，即"企业家警觉"的企业，在挖掘与把握机遇时越更容易获得成功。此外，这种高度的创新警觉性与创新者独特的人格特征（如丰富的创造力及积极向上的心态）密切相关。而利用社交网络有效识别商业机会，以及发挥个人特殊兴趣爱好和掌握市场动态这些因素，也是成功挖掘创新机遇的重要因素（Ardichvilia，et al.，2003）；中国学者赵立祥和张芸迪（2017）通过对北京地区创新者的实证分析，验证了创新警觉性对创新机会识别的显著正向影响作用；有警觉性的创新者可以及时地对信息进行搜寻、发现、整合，解决现有危机（Roundy，et al.，2017）。无疑，通过实践性的方式积累所学知识，以及保持敏锐洞察力，成为发掘创新机会过程中的关键因素，具有高度警惕性的企业或个体往往更有可能在纷繁复杂的环境中察觉到新的发展趋势，从而收集各类与之关联的最新信息及理论基础，换言之，这种警觉性有助于推动对新生创新理念的深入认识和理解，进一步认清并把握哪些机会值得去尝试和努力（Tang，et al.，2012）。尽管创新警觉已被视作甄别商业机遇之关键要素，然而针对创新警觉性与创新机会识别之间潜在关系的实证分析尚显不足（Gaglio、Katz，2001）。

在创新警觉性与创新机会识别研究的模型开发方面，Ardichvili 等（2003）在创新机会识别和发展领域现有理论和实证研究的基础上，利用杜宾的理论构建框架，提出了创新警觉性对机会识别的影响机制模型，具有重要的学术价值。首先，经过严谨的实证调研分析，他们所构建的理论模型充分证实了创新警觉性的重要价值，它对准确识别商业机遇产生了显著的影响力；其次，在深入挖掘并剖析的过程中，他们的理论模型揭示出被认为至关重要的一个要素——个人能力，它对创新警觉性在提升识别商业机会方面具有重要推进作用；最后，经过不断推敲和反复验证，他们的理论模型确认了创新机会识别的三大核心过程：机会的感知、发现与创造、对于该商业机会可行性的合理评价。也就是说，创新机会识别是一个涉及多个阶段且极为复杂的过程，警觉性在这个过程中发挥了积极作用。此外，RenkoRenko 及其他学者（2012）构建了一个全新的创新机会识别整合模型，该模型根据创新机会的性质分为主观感知的机会与客观存在的机会两类。他们还探讨了如何融合创新警觉度和机会识别过程这两个因素，具体而言，该模型通过把创新机会分为客观存在的机会以及被感受到的机会两方面来进行深入分析，有趣的是，无论是基于主观感受还是以客观市场环境为基础的机会识别方法，往往都会对创新成果产生积极影响，并且在发掘及把握客观存在的诸多机遇上，高水平的创新警觉也发挥着举足轻重的作用。还有学者运用创新警觉性（Kirzner，1997）和认知心理图式（Baron、Ensley，2006）来考察发现创新机会的过程，且认为创新者特有的先前知识是导致他们发现不同创新机会的重要原因。

也就是说，创新警觉性被认为是机会识别能力的前提，只有具备敏锐的警觉性才能更容易地发现潜在的商业机会，即成功地把握市场机遇时，对于外界信息的捕捉能力往往得益于他们卓越的信息敏感度，即创新警觉性（Ardichvilia，et al.，2003）。需要对市场、技术、竞争对手等方面保持警觉，不断寻找和发现新的商业机会。机会识别能力则是创新警觉性的进一步发展，它涉及对商业机会的评估和利用，即创新警觉性是一种自身具备的，用来帮助创新者通过既有信息识别出市场潜在问题和需求的特殊能力，这种特殊能力（即创新警觉性）能够创造出新的产品或服务（Shane、Venkataraman，2000）。"前期服务商"需要对发现的商业机会进行分析和评估，判断其可行性和潜在价值，并制订相应的商业计划和策略，以实现商业机会的最大化利用。因此，创新警觉性和机会识别能力是相互促进的关系。一种理论认为，创新者的警觉性越高，其所开发的创新机率也越高（Ardichvilia，et al.，2003）。

综合以上文献梳理，学界对创新警觉性与创新机会识别之间关系的研究已经取得一定进展。不同学者基于不同的研究目的、研究视角及研究对象，对创新警觉性与创新机会识别的关系作出了不同的解释，且提供了大量的实证研究数据。总的来说，创新警觉性与创新机会识别之间存在复杂的关系。创新警觉性可以促进本文研究案例主角"前期服务商"对环境变化的敏感程度和快速反应能力，从而有助于发现和识别商业机会。同时，创新机会识别也需要"前期服务商"具备一定的知识、技能和经验，以及对市场需求和趋势的深刻理解。综合来看，创新警觉性与创新机会识别的发展是互为影响、互相推动的。作为"前期服务商"，他们的创新警觉性能有效提高他们察觉并识别市场机遇及商机的能力，从而使企业得以在创新过程中持续发现新的商业机会，进一步推动自身业务的可持续发展。

2.1.2 创新机会识别对创新成功关系的影响

在企业经营的全过程中，准确识别潜在创新机会无疑是关键步骤之一，其对创新成功的影响一直以来都是研究的热点话题。创新者需要从复杂的市场环境中识别出有价值的商业机会，并将其转化为商业模式，因此，创新机会识别对创新成功的影响至关重要。

许多研究表明，创新机会识别是创新成功的关键因素之一，创新者的机会识别能力越强，就越容易发现有价值的商业机会，从而提高创新成功的概率。林嵩等（2004）发现，创新机会识别能力强的创新者能够更好地发现有价值的商业机会，并将其转化为商业模式，创新者的机会识别能力越强，就越容易发现有价值的商业机会，从而提高创新成功的概率；在此之后，林嵩等（2005）对创新机会识别的深入探讨进行概括性总结，明确指出，创新机会识别对创新的成功具有积极且重要的影响力，在他们看来，创新机会大致上可被划分为产品优势及市场优势两大维度，与大型成熟企业所采取的策略和选择有所区别，新创建的公司在其战略制定及取舍过程中应更加关注创新机会的识别，基于这一观点，他们进一步强调，创新机会的把握有能力将新颖的产品和尖端的技术带入市场，从而为企业创造出独特的竞争优势。依据Gielnik等学者（2012）的深入实证研究结果显示，创新性的创新设想在商业机遇中发挥着举足轻重的引领作用，这种设想不仅有助于促使新产品或服务顺利走入市场，更对创新成功产生了积极且深远的影响力，因此，探索并发掘这类具有潜力的创新构想成了推动新兴企业发展壮大、实现稳健经营和持续盈利的关键途径之一。Shamsudeen等（2017）发现具备卓越洞察机遇能力的企业家在创新过程中得以更加顺利地实现企业目标，并取得显著的成功。曾华玲（2013）通过研究发现，创新个人优秀素质（包含对创新机会的掌握能力）能带领一个企业走向成功。

也有学者关注到创新机会识别与创新行为、企业绩效等之间存在显著关系。例如，徐凤增和周键（2013）验证了创新者的个体优势（包括对创新机会的识别能力）可以帮助企业取得更高绩效。之后刘宇娜和张秀娥（2018）通过253份问卷调查的实证研究数据，证明创新机会对创新行为产生积极影响，即只有发现、评估利用机会才会实现创新操作。于晓宇等（2019）发现能够利用机会识别和探索机会识别的个体，其绩效一般也更好，即机会识别对企业绩效存在显著正面影响。

综上所述，创新机会识别能力强的创新者能够更好地把握市场趋势和消费者需求，从而开发出更具竞争力的产品或服务，推动企业的成长和发展，更好地评估商业机会的风险和潜在收益，从而降低创新风险。也就是说，创新机会识别对创新成功具有重要影响，创新者需要具备敏锐的洞察力和判断力，能够从复杂的市场环境中发现有价值的商业机会，并将其转化为商业模式。同时，创新者还需要积累丰富的经验和知识，拓展广泛的社会网络，以便更好地发现和利用商业机会。

2.1.3　社会网络与政策支持在创新过程中的作用

社会网络是一群人之间的特定关系结构，是个体获取社会支持和资源的途径（张秀娥，2014），作为一种特殊的社会资本，社会网络的功能包括为企业创立者提供诸如物质资本、技术知识、纷繁复杂的信息资源及心灵上的情感支撑等多方面的帮助（Davidsson、Honig，2003）。社会网络是社会资本的一个重要组成部分，其中，信任和规范是相对抽象的概念，难以直接测量，而社会网络相对较为容易测量，因此学者对它进行了大量的研究。

中国以其深厚的人际联系根基为主要特征，构成了一个深度关联的社会结构，社会网络在此种形态下发挥着至关重要的作用，对个体在社会经济领域中的位置和身份有着深远而持久的影响（马光荣、杨恩艳，2011）。在社会网络对创新成功的影响方面，学界也进行了大量的探讨。有些学者认为，社交网络能够为奋斗在创新领域的人们提供极其丰富且广泛的信息资源，包括市场趋势、技术创新、竞争对手、政策法规等，这些信息对于创新者做出正确的决策和把握商业机会至关重要。例如，陈文沛（2016）提出，对于新创企业来说，良好的客户关系可以帮助创新者更好地获取信息以便发现创新机会；郭红东及其团队（2012）在对部分创新农民进行深度实证研究后，发现一个重大现象，即社会资本中的网络规模、网络资源及组织参与这三项要素，对农民是否能够敏锐地洞察到更多创新机遇起着至关重要的作用。还有学者发现社会网络可以为创新者提供各种资源，如资金、人才、技术、市场渠道等，这些资源对创新者实现创新目标和提高创新成功率具有重要作用。例如，有学者发现，有效运用创新者所掌握的社会关系网络，有助于新创立的公司在短期内迅速获得包括资金、市场份额、信息资源及情感激励等多元化的全方位支持（Stuart, et al., 1999；Witt，2004），这就使得新型创建公司有机会接触到更为广泛的消费者群体及更丰富的供应商资源，进而拓宽了其撷取多样化资源的范围，为深化这些新型创建公司的发展奠定了坚实基础（Brüderl、Preisendörfer，1998）；张玉利等学者（2008）发现，拥有庞大社会关系网络的创新者，因其社交的广泛性，他们更可能通过与不同的人的社会交往去获取更多丰富的异质性信息，从而丰富创新者对市场的认知（Dyer、Singh，1998），并提高创新者创新机会识别的概率（Semrau、Werner，2014）。

然而，论及创新过程中社交网络的重要性，学界还存在争论，有些学者认为，创新者网络乃是一种奠基在情感纽带之上的非官方组织结构，在公司建立之初，鉴于法定网络尚未完全成形，企业须对由于创新者之间相互信赖所构筑的网络予以高度重视（张秀娥，2014）；黄洁等学者（2010）认为，社会关系在新一代进城务工人员确立创新机会方面发挥着至关重要的影响，随着新一代进城务工人员频繁地流动，其网络内社会互动及情感认同程度得到显著提升，换言之，对于新一代进城务工人员而言，他们所感受到的社会关系网络的支持有助于他们增加创新过程中的信心及欲望，同时，这种社会关系网络愈强大，进城务工人员对周围环境所产生的信任程度就会愈高，这将进一步为他们提供丰富的资源支持；张秀娥（2014）发现，随着企业的成长壮大及业务范围的扩展，其社会网络亦需随之调整并进行有效维系，因此，在创新者创业过程中，要动态分析社会网络在其新建企业不同发展阶段中的不同作用。

除社会网络外，在中国情境下，政策支持对创新过程的影响也不容忽视。多数学者都认为，创新行为是在宏观环境下的行为，因此，宏观环境对创新决定会造成一定的影响。例如，朱仁宏（2004）认为，宏观环境在一定时间内是相对稳定的，因此，创新者如果觉得宏观环境对创新有利，那么他们会选择创新，相反，如果创新者觉得宏观环境限制了创新企业的发展，他们会放弃创新；陈沛光（2012）认为，新企业的创建过程是一个有机整体，创新者对创新企业的影响仅仅是其中的一个因素，创新者在其整个创新过程中还面临不同的环境要素，因此，创新环境在创新发展过程中起着非常重要的作用，好的创新环境可以帮助创新者发展和创新企业成长，对经济产生积极影响，且当社会环境重视该创新领域时，创新者容易获取创新机会。

综上所述，中国情境下，社会网络和政策支持对创新成功有着重要的影响。社会网络可以为创新者提供丰富且全面的信息资源、资源获取渠道、机会识别，这些因素对于创新者做出正确的决策、把握商业机会、降低创新风险、建立良好的声誉和信任关系等具有重要作用。具体来说，社会网络可以帮助创新者获取市场信息、技术创新、人才资源等，同时也可以为创新者提供情感支持和创新经验分享。政策支持可以为创新者提供资源、创造良好的创新环境、引导创新方向、提供创新指导，从而降低创新成本和风险，提高创新成功率。政策支持还可以为创新者提供资金、税收优惠、场地支持等资源，同时创造更加宽松的创新环境。需要注意的是，社会网络和政策支持并不是创新成功的唯一因素，创新者自身的素质和能力也是非常重要的。创新者需要具备敏锐的商业洞察力、创新能力、领导能力、执行能力等,同时也需要不断学习和提升自己的能力,以适应市场变化和竞争压力。

2.1.4 文献述评

创新活动是推动经济发展和创新的重要力量,而创新成功则是创新者追求的目标,为深入理解创新过程和创新成功的影响因素,本章对相关文献进行了综述。创新历程乃是一项错综复杂且牵涉面甚广的过程,其中涵盖诸多层面的元素,事实上学者们已然洞察到,创新历程不应仅仅停留在组织创立这一单一层次,而应对其从多元化视角进行深入剖析与解读。在 Bhave(1994)看来,创新历程实为一种理性化、非线性化且需要反复修正的实践过程,这一过程中,包括首次机遇的发现、产品线的整合构筑、组织的建立、市场交易及客户回馈等各环节。Shane、Venkataraman(2000)则认为,机会识别被视为创新实证研究中的核心议题,在创新过程中,机会的辨识、发掘及运用构成一个有机整体,此过程涵盖政策支持等环境因素在内。

通过以上对创新过程及创新成功的各项影响因素分析梳理可知,创新警觉性在识别创新机会方面产生了极大的积极效能,无疑具有显著且积极的正面影响力,社会网络和政策支持则对创新过程和创新成功起到促进和保障作用。

创新警觉性是指创新者对市场变化和商业机会的敏锐感知和快速反应能力,在精准把握创新警觉性的基础上,创新者需彰显出卓越的市场洞察力及迅速果断的决策判断力,进而在竞争异常激烈的市场环境中捕捉到可供发展的商业机会。创新机会识别无疑是一个涵盖发现、评估和运用商业机会全过程的复杂课题。对此,创新者必须高度重视以保证其能够精确无误地探寻市场需求及商业机会的脉络,这样才能开发出具有创新性和竞争力的产品或服务,从而取得成功。社会网络是指由人与人之间的关系所构成的网络,社会网络对创新成功有着显著且积极的影响,在寻求市场、整合资源及寻找创新支持方面,创新者可通过社会网络得以实现,从而有效地降低创新过程中的潜在风险,提升企业创立与发展的成功概率。政策支持是指政府为了促进创新活动而出台的一系列政策措施,如深圳特区政策、分层出让政策、大湾区发展战略等,政策支持对创新过程和创新成功起到促进和保障作用,可以为创新者提供资金、技术、市场等方面的支持,降低创新成本和风险,提高创新成功率。也就是说,创新警觉性、创新机会识别、社会网络络和政策支持之间存在着协同作用。成功的企业需要深度敏锐的市场洞察力及迅疾快捷的决策能力,准确地识别市场需求和商业机会,积极利用社会网络获取资源和支持,同时充分利用政策支持降低创新成本和风险,才能取得创新成功。

综合以上文献梳理可知,创新领域成果较为丰富,已经形成了较为完整的理论体系,为本文研究提供了丰富的文献支撑。但现有研究成果大多关注创新成功和创新行为选择的某一方面,鲜有学者从整合视角看待创新者个人特质、社会网络、政策支持对创新成功产生的协同影响作用，更未探讨其创新成功的路径机制及相关影响因素的作用机理。在新时代背景下，随着技术和社会的发展，不同企业之间差异性较大，所以新时代企业家创新不仅受传统因素影响，也受技术、政策等宏观因素影响，其创新领域研究理论成果对新时代交通前期咨询行业创新的机理分析并不完全具有指导性。

因此，本书在已有文献研究基础上，结合本土案例进一步探寻"前期服务商"在项目管理中如何组织与实践，并获取创新成功的路径。

2.2 理论基础

2.2.1 资源保存理论

资源保存理论（Conservation of Resources Theory，即COR理论）是压力理论的一个分支，该理论提出，人们会努力获得、保护和保持他们认为有价值的资源，当资源受到威胁、损失或不可用时，人们会经历压力，并采取行动来保护或恢复他们的资源。Hobfol（2011）在他的理论中深入探讨了资源这一概念，将其定义为个体所拥有并视为具有价值的各种实体、条件、人格特点及能量等，具体来说，这些资源可以被细分为以下几个类别：物质性资源（包括个人的生存环境和工作情况）、条件性资源（比如广泛的社会关系、丰富的资历和经验等因素）、人格特质（例如个人的自我效能感、自尊心程度等内涵），以及能源性资源（诸如时间、金钱、知识储备及社会性支持等方面）。

资源保存理论已成为组织行为学中非常重要的理论之一，其在探究个体对外部环境反应这一课题上得到深入且广泛的运用，因此也为创新研究提供了一个新的视角，强调创新者在面对压力时如何保护和获取资源，以维持创新活动的可持续性。资源保存理论认为，创新者需要拥有足够的资源才能成功地创新。这些资源包括人力、物力、财力、社会关系等。因此，创新者需要不断地寻找和获取资源，以支持创新活动的开展。然而，资源保存理论在资源的获取与保存方面有几个基本原则：损失优先原则、资源投资原则、增益悖论原则和绝望原则（Halbesleben、Wheeler，2011）。在日常生活甚至是整个自然生物系统中，即使是微小的损失，也可能对个体造成不利影响，因此个体对损失非常敏感，也就是说，相比于资源收益，资源损失对个体的影响更大、更快、更持久，这意味着创新者在进行创新活动时会更加谨慎，因为他们知道任何损失都可能对他们的事业产生严重影响。创新者需要不断地寻找和获取资源，以支持创新活动的开展，他们需要考虑到各种风险和不确定性，以避免资源的损失。也就是说，在资源保存理论视角下，创新者在进行创新活动时会更加谨慎，他们会仔细评估每个决策的风险和收益，以确保他们的创新活动能够持续下去，此外，创新者还需要保护自己的资源，以防资源的损失，他们需要采取措施来保护自己的知识产权、商业机密和其他重要资源，以避免竞争对手的侵害。而当资源耗尽时，个体可能会进入防御模式，这种防御可能是具有攻击性的非理性行为，试图通过攻击竞争对手、诋毁或采取不道德的竞争手段来保护自己的利益，当然，这种行为可能会导致创新者失去更多的资源，进一步加剧资源的短缺，对创新活动产生负面影响。创新者也可能及时调整自己的心态和行为，寻找新的资源和机会，放弃当前创新可能是一个明智的选择。

资源保存理论的基本理论是，资源不仅构成了个体需求实现的前提因素，更为重要的是，它们能提供关键性支援，协助个人实现精确把握自身特征及在社会系统中的定位（Lee、Ashforth，1996）。基于这样的认识，资源保存理论明确指出，个体将会全力以赴地追求、维护并保有他们现有的资源，并且会依据外部环境的变化进行相应的自我调整。也就是说，创新者在面对压力时会消耗资源，同时也会努力获取新的资源。因此，创新研究需要关注创新者如何有效地管理资源，以减少资源的消耗和提高资源的获取效率。创新者可以将资源投资到能够带来更多回报的领域，以提高资源的利用效率。因此，创新研究需要关注创新者如何有效地投资资源，以实现创新活动的可持续性。

但随着研究不断丰富，研究者逐渐发现，并非所有具有良好效益的事物皆可称为资源，譬如，在工作中高度投入的员工更易借助公民行径获得更多额外的利益，然而，这类行为无疑会对劳动者个人的资源产生极大消耗（Halbesleben、Wheeler，2011）。同时，组织内的公民行为（例如互相提供帮助）同样可能引起压力，进而导致员工出现情绪耗尽，并影响其岗位工作绩效的情况（赵红丹、江苇，2017）。因此，有部分学者提出了一种以资源和目标为基础的独特解读方式，构建了一个能与其他激励理论相互关联、协调一致的界定标准，他们认为，资源实质上是指任何可以被个体利用来达成其所设定目标的物资或环境条件（Hobfoll，2011）。还有学者认为，通过定义"资源与目标相结合"，我们能够深入剖析个体在面对有限资源时，该如何做出决策，如何对这些资源进行合理配置，从而达到最佳适应当前目标的效果（赵红丹、江苇，2017），也就是说，资源保存理论以目标导向来定义资源，强调资源的获取和保护、有限性、动态性和多样性，创新活动研究需要考虑创新者如何获取和保护资源，以及这些资源如何影响创新结果，同时需要关注资源的限制和约束，以及创新者如何在有限的资源范围内实现其创新目标。除此之外，鉴于"目标"恰恰是众多动机理论深入探寻和探讨的重要构成要素之一，因此，通过将"目标"这一关键因素纳入对资源进行界定的体系当中，会推动资源保存理论与其他各类激励理论之间的紧密关联及有机融合。

综上所述，从资源保存理论的角度来看，创新活动的意义在于帮助创新者获取和保护资源，以实现其创新目标。创新者需要不断地获取和保护资源，以适应环境的变化，并在有限的资源范围内实现其创新目标。创新活动可以帮助创新者获取不同类型的资源，如资金、技术、人力资源等，并整合这些资源以实现其创新目标。创新活动还可以帮助创新者建立和维护良好的人际关系，以获取更多的资源和支持。也就是说，创新活动是一个资源获取和保护的过程，创新者需要不断地适应环境的变化。

2.2.2 社会认知理论

自20世纪70年代中后期或者说80年代初期以来，社会认知作为一个独立且重要的科学研究领域脱颖而出。1980年，作为全球最具影响力的心理学术组织——美国心理学会正式宣布，为期刊《人格与社会心理学》设立"社会认知"专栏，以期推动这一新兴领域的发展壮大。

社会认知理论是一种心理学理论，它强调人类的思维和行为是由社会环境和社会互动所塑造的。不同的学者对"社会认知"有不同的定义，有学者认为社会认知研究涵盖了广泛领域，包括所有可能影响个体从日常生活中获取、表征及提炼信息的各种因素，以及深入研究这些过程与感知主体的判断理解之间的相互关联。也有学者认为社会认知所蕴含的核心观念在于，对于认知过程的深度理解恰恰是解读和理解人们复杂多变且充满社会性行为的关键所在，例如Flavell提出，"社会认知"的研究范畴实际上涵盖了两个重要领域，其一为人及由人构成的各种社会活动；其二则为围绕人类生活及其行为产生的知识体系与认知能力（李晓侠，2005）。方富熹（1986）认为社会认知是人们对自己和他人的详细了解。社会认知理论的核心观点是，人类的思维和行为是由社会环境和社会互动所塑造的，而不是由个体内部的因素所决定的。对社会认知领域的广泛深入研究，发端于两大理论支柱，即认知发展心理学与社会心理学，在认知发展心理学的研究历程中，皮亚杰堪称杰出的探索者和先驱人物，他提出了著名的认知冲突理论，将社会交往经验视为促进认知发展的重要动因，并通过丰富多样的实验观察，揭示出社会认知对个人行为产生的深远影响及深度调控机制。

随着认知心理学领域不断拓展，其研究成果逐渐受到西方学术界的广泛关注，在此背景下，众多国外学者纷纷将认知心理学理念与社会认知理论相结合，并将其运用至创新研究领域当中，从而使研究人员得以从全新的认知视角，对创新领域中的各类问题展开更为深度的探究，促使认知理论在创新领域的研究得到蓬勃发展。创新认知被Mitchell等（2007）定义为"人们用来对机会、创新及发展等进行评估、判断和决策的知识结构"。有些研究者从"特质论"出发，致力于探讨哪些特质能够以独特的方式标识出创新者与非创新者的身份特性，经过对创新人士的人格特征、观念取向及人口统计学属性等多方面因素的研究，他们确实观察到创新者与非创新者之间的某些显著差异性，然而，在尝试运用这些差异解释创新行为与创新历程时，由于这些差异特征的普适性较低且并非所有创新行为或案例都能得到完美诠释，使得所得出的结论往往也仅限于个别情况和特殊情境（丁明磊、刘秉镰，2009）。此外，社会认知理论认为，创新者的认知和心理过程对创新活动的成功与否起着至关重要的作用。创新者需要具备敏锐的洞察力、果断的决策能力、强大的心理韧性等认知和心理特质;需要具备不断学习和适应的能力,才能在不断变化的创新环境中保持竞争优势;需要不断地学习新知识、新技能,不断地适应市场变化,才能在复杂多变的创新环境中取得成功;需要适应不同的社会情境,包括市场环境、竞争对手、政策法规等,才能更好地把握创新机会。此外,社会认知理论还关注创新者的社会网络,创新者需要积极拓展自己的社会网络,与不同的人建立联系,获取更多的资源和支持,才能更好地开展创新活动(贺建风、陈茜儒,2019)。

综上所述,社会认知理论在创新研究领域的应用得到了进一步发展,创新者所处的社会情境是创新成功的重要决定因素,但还需要考虑其他因素,如创新者的个人特质、社会网络,此外,创新者需要具备不断学习和适应的能力,才能在不断变化的创新环境中保持竞争优势。总的来说,社会认知理论在创新研究领域取得了丰富的研究成果,随着研究领域的不断扩展、研究内容的不断深入及研究方法的不断改进,社会认知在多学科领域发挥着越来越重要的作用。但作为在创新研究领域的新兴理论,其发展还有广阔空间。

2.2.3 社会资本理论

社会资本理论在社会学、经济学、管理学等领域得到了广泛的应用。"社会资本"是从新经济社会学演化出来的一个最有影响的理论概念。但是社会资本的精确含义是什么,目前并未有统一的界定。法国社会学家布迪厄(Bourdieu)、美国社会学家科尔曼(Coleman)等从不同的理论视角出发,对社会资本概念的形成作出了自己的贡献。这些研究者都将社会资本理解为一种个人通过自己拥有的社会网络关系而获得的资源,之所以将这些社会网络称之为"资本",是因为对这些网络关系的投资可以给人们带来预期的收益。

有些学者认为社会资本的产生是建立在"社会网"(Social Network)研究基础上的,社会网是一种独特的结构性概念,具体界定为由个体之间各种复杂的社会关联所构筑的一种植根于相对稳定性之上的体系,反观整个人类社会,无疑是由众多相互交织或相互平行的各种网络构成的宏大系统(张文宏等,2004)。美国社会学家 James Coleman(1990)在其巨著《社会学理论的结构》一书中系统地阐述了社会资本理论,他认为,在最为基础的社会系统架构中,包括两个核心要素,分别为"行为主体"与"实体资源",这些行为主体拥有特定形式且涵盖多种利益在内的实体资源,并能够根据实际情况选择将其作为交换的对象,在这个基础上,各具特色且独立的行为主体之间通过互相交换所掌控的各类资源来攫取全新的利益,从而构建出不断发展壮大且愈发复杂的社会体系及紧密相连的社会关系网。

社会资本理论与社会网络有着密切的联系。社会资本理论强调社会网络对个体和组织的重要性，认为社会网络是一种重要的资源，可以帮助个体和组织获得信息、知识、支持和机会。此外，社会网络的结构和质量对个体和组织产生影响，高质量的社会网络可以带来更多的机会和资源，低质量的社会网络则可能带来负面影响。社会网络分析可以帮助研究者了解社会网络的结构和特征，以及社会网络对个体和组织的影响。

社会资本与社会网络在创新活动中的研究也非常丰富。一些研究表明，社会资本可以促进创新、经济发展和社会融合等，然而，也有一些研究认为，社会资本可能存在负面影响，如导致社会排斥和不平等。作为影响挖掘创新机会关键因素之一的社会资本，它不仅直接影响个体获得创新机会信息的可能性，也可以通过塑造他们所收集的信息特征来间接地影响他们能够辨识出的机会类型。创新者在社会网络中所处的位置，以及和其他网络成员的交往状况，在很大程度上会影响其视野和想法，交往广泛、对象多样、与高地位个体关系密切的创新者，往往更容易发现高创新性的创新机会（张玉利等，2008）。Arenius等（2005）研究发现，创新者在网络中的优越地位和优势，对于他们精确地识别和把握创新机遇有着至关重要的影响。基于这一过往研究，朱晓红等（2014）还发现，创新者更善于利用网络资源，而非仅依靠地位优势来识别创新机会。这表明，在机会识别过程中，富有远见卓识的企业家往往会积极主动地利用社会资本，即与所在行业内众多高层级个人及组织之间进行沟通交流和思维碰撞，从中获得宝贵且极为稀少的信息资料，进而发掘出具有更强独创性的商业契机。这充分表明，除了网络结构之外，网络资源在探索和识别创新商机的过程中所发挥的作用同样至关重要，因此，我们有必要将其纳入到对机会识别的研究范畴之中，给予足够的关注度。

综上所述，社会资本理论的研究涵盖多个领域，包括社会学、经济学、管理学、政治学等。社会资本理论认为，社会网络是一种重要的资源，可以帮助个人和组织获得信息、知识、支持和机会。社会资本理论还强调信任和规范的重要性，认为它们可以促进合作和协调，提高效率和绩效。在对创新领域进行深入探讨与剖析的过程中发现，社会资本对于创新者来说具有相当重要的价值，它能够促使创业者更为敏锐地捕捉到并充分运用各种商业机遇。同时，创新者所构建的丰富多样的社会网络也能为他们提供关于市场需求、技术发展方向及同行竞争情况等多方面丰富而有价值的资讯资源，进而协助他们准确地识别出那些极具潜力且值得投入的创新业务机会。此外，社会资本可以帮助创新者获取创业所需的资源，如资金、技术、人才和市场，帮助创新者与潜在的投资者、合作伙伴、供应商和客户建立联系，从而获取所需的资源。总之，社会资本理论在创新活动研究中具有重要的应用价值，可以帮助我们更好地理解创新活动的本质和规律，为创新者提供更好的指导和支持。

2.2.4 有关 TOD 的发展理论

TOD（Tranit Oriented Development，以公共交通为导向的开发）理论由美国学者彼得·卡尔索普（Peter Calthorpe）在其著作《下一代美国大都市地区：生态、社区和美国之梦》中提出。该理论提出了一种以公共交通为中枢的综合发展区，鼓励步行化的发展。TOD 的主要特点：采用混合使用的原则紧凑布局；在步行范围内提供良好的公共交通服务设施；以一定的开发密度支撑公共交通；提供良好的步行与自行车环境；在公共站点附近布置公共空间与公共服务设施；通常以城市轨道交通站点作为片区的综合交通枢纽。TOD 模式的内涵即公共交通导向，一方面强调并鼓励以轨道交通作为城市的骨干，同时与步行、自行车及地面其他公交形成无缝接驳，从而减少市民出行对地面交通和私家车的需求，为步行和自行车创造良好的环境；另一方面要求在开展规划时，能够实施以公交站点为中心，主要指的是城市轨道交通站点，周边土地紧凑布局、合理使用，如进行高密度的商业、办公、居住等综合开发，使居住、就业集中在公交站点的服务范围之内，最大限度地提高市民对公共交通的使用率，同时也为周边区域提供良好、便捷、集中的公共交通设施服务。

1997 年，Cervero Robert 将 TOD 模式总结为著名的"3D"原则，实质主要体现在以下三个方面：密度（Denity）、多样性（Diverity）和设计（Deign）。归结起来，主要有以下几方面：城市的发展应当与轨道交通的发展方向保持一致，即两者的发展应当从内部结构上相匹配，并且鼓励紧凑布局；功能的混合布局，同时建立完善的步行体系；城市设计中应当注重人性化尺度的营造，设计成果面向公众。

随着城市发展，在 2008 年，国际上对 TOD 模式的认识也有了更完善的定义，Cervero Robert 将"3D"原则扩充为"5D"原则，在原来的基础上增加了合理距离和可达性两个原则。

所谓的 TOD 模式的"5D"原则主要是指（图 2-1）：Diverity（土地混合开发），即

Diversity:
土地混合开发
居住、商业、交通等复合功能叠加是TOD地区的重要属性，也是TOD项目生命力的重要基础

Density:
高密度建设
TOD地区承载重要城市功能，需要高强度建设支撑，同时需要城市规划在开发量方面予以倾斜支持

Design:
人性化的空间设计
TOD地区作为城市节点，规划功能复杂、建设量大、人流高度集中，需要高标准的城市设计予以整体性营造

Distance to transit:
合理距离
TOD地区土地开发应限定在站点周边合理的距离范围内，一般不超过舒适的步行距离，即500m左右

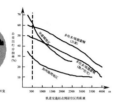

Destination accessibility:
目的地可达性
TOD地区居民乘坐公共交通可以到达的目的地种类和数量都足够多，摆脱对小汽车的依赖，形成以轨道交通站点为中心的环形放射状路网，突出步行，实现多种交通方式的零换乘

图 2-1 "5D"原则理念图

居住、商业、交通等复合功能叠加是 TOD 地区的重要属性，也是 TOD 项目生命力的重要基础；Denity（高密度建设），即 TOD 地区承载重要城市功能，需要高强度建设支撑，因而需要城市规划在开发量方面予以倾斜支持；Deign（人性化的空间设计），即 TOD 地区作为城市重要节点，规划功能复杂、建设量大、人流高度集中，需要高标准的城市设计予以整体性营造；Ditance to tranit（合理距离），即 TOD 地区土地开发应限定在站点周边合理的距离范围内，一般不超过舒适的步行距离，即 500m 左右；Detination acceibility（目的地可达性），即 TOD 地区居民乘坐公共交通可以到达的目的地种类和数量都足够多，摆脱对小汽车的依赖。形成以轨道交通站点为中心的环形放射状路网，突出步行，实现多种交通方式的零换乘。

2.2.5 轨道交通与土地开发的互馈理论

城市中的轨道交通是城市大运量快速交通系统的主要组成部分，能够有效地促进城市的合理化发展。轨道交通作为城市的快速交通廊道，承担着城市主动脉的运输作用，而每一条轨道线路的开通往往都会为周边土地的升值与快速发展带来强劲的动力，而轨道交通站点高密度的混合开发也有利于为轨道交通提供大量的持续客流，进而增加轨道交通的车票收入（其中还包括增加地铁上盖物业的商业潜力等）。可见，城市土地利用与轨道交通之间是一个动态的循环过程，每一轮新的循环，都将带来旧的交通形态的改变，同时促进新的城市形态的形成。

当土地的开发密度增加时，公共交通的比例也将有不同程度的提高，而选择私家车出行的比率则会有所降低，同时研究还发现，随着人口密度的增加，市民的平均通勤时间会相应减少。以美国为例，当居住密度加倍时，家庭的出行消费会降低30%～60%。亚洲的开发强度较高，其公共交通（包括自行车与步行）在总出行中所占的比例也较大，为 58.8%。而中国香港更是典型成功案例，城市最主要的功能均集中在轨道交通站点周围，使得轨道交通能最大限度地发挥其快速、大运量的运输作用，同时紧凑式的布局也容易在轨道站点形成 TOD 的布局模式，更加鼓励了公共交通与慢行交通（步行与自行车）的发展，使高密度集约化的城市发展与轨道交通的发展互惠互利。从以上研究可以看出，适当提高土地开发的强度，在合理安排功能的前提下，会保证通勤效率的提高，同时公共交通出行的比例也会有较大提高。在减少出行需求方面，节约土地资源的紧凑空间布局模式，能够有效地降低私人小汽车的使用，实现城市交通的合理和高速运转。根据相关学者的研究，当提高地铁站点周围 500m 范围内的土地开发强度，同时对 800m 半径外的土地开发强度相应降低，可以使得轨道交通网络通过仅覆盖 30% 的城市空间就能够达到覆盖 70% 的就业岗位和居住人口的目的。

2.2.6 涨价归公理论

"涨价归公"即"溢价回收",来自孙中山先生在"平均地权"论述中提出的"规定地价,照价征税,照价收买,涨价归公"。1871年,Mill 在起草土地改革纲领时,提出将"不劳而获的土地增值"归为国有。同时期的美国经济学家 George 在其代表作《进步与贫困》中也积极提倡"土地价值税"的思想,并提出"单税社会主义"学说,强调应对不劳而获性质的资源占有,以征收单一税的方式收取其收益并归公所有。George 认为,土地价值之所以增加,是因为人口的剧增和生产的需求,而不是某个人的劳动或投资所引起的。因此,土地增值收益应归全社会所有。

TOD 的土地增值,是指轨道交通站点关联的经营性地块因交通可达性提高而升值,是政府公共投资正外部性的表现。这个增值主要是由于公共投资的轨道交通建设带来的。TOD 作为影响土地增值的重要外部因素,其产生的土地收益增值应归城市轨道交通主要投资者——政府所有。在现实土地收益分配中,TOD 建设使沿线土地迅速增值,由此产生的土地收益增值却被以房地产商为主要代表的沿线土地使用者获得。土地增值收益没有得到合理分配。

许多规划师和经济学家提倡对轨道沿线物业的部分增值进行课税,还提出将回收的资金用于投资轨道交通的建设和运营。Rybeck 提出土地价值通常反映其公共产品和服务的价值,特别是交通设施能使某些地块显著增值;通过向因公共效应产生的土地增值征税,可以达到溢价回收的效果,并可有效帮助交通基础设施融资。

2.2.7 地租地价理论与土地利用规划

地租是土地所有者凭借土地所有权从土地使用者那里获得报酬。在某些场合下,西方经济学把地租定义为物主将其所有的土地、房屋或任何财产租给他人使用所获得的报酬,并不一定专指出租土地而获得的租金。按照这个定义,把地租分为契约地租和经济地租两类。契约地租又称商业地租,是指物主将土地或其他财物出租给承租者,承租者按租赁契约支付给物主租金。经济地租又称理论地租,有广义和狭义之分。广义上讲,经济地租是指人们使用任何生产要素所获得的超额利润。狭义上讲,经济地租是指人们利用土地所获的超额利润,即土地总收益扣除总成本的剩余部分。一般所谓地租,是针对狭义地租而言的。

地租地价理论与土地利用规划之间存在着密切的联系,主要体现在以下几个方面:①地价与地租的关系:地价是地租的资本化形式,反映了土地未来收益的当前价值。地租的本质是超额报酬或收益,表现为土地所有者因让渡土地使用权而获得的收入。②地租地价理论在土地利用规划中的应用:土地利用规划基于竞标地租的理念,通过确定不同类型的土地利用类型及其布局区位,实现土地资源的合理配置。规划条件是影响土价格形成的重要因素，特别是在房地产开发中，规划对地价有直接的影响。③土地区位理论与土地利用规划：土地区位理论关注人类活动的空间分布及其相互关系，强调位置级差地租对土地需求和价格的影响。位置级差地租导致土地价格的空间差异，影响城市区域土地利用和各项用地的空间安排。④地租地价理论对土地利用政策的影响：地租和地价理论对于土地资源的综合评价和合理开发利用具有重要指导作用，有助于制定合理的土地利用政策。通过合理组织土地利用，改善土地质量状况，追加投入，实行集约化经营，可以导致土地级差地租形成条件的变化，进而影响地价和土地利用规划。

因此，地租地价理论与土地利用规划紧密相关，前者为后者提供了理论基础和分析工具，而后者则是前者理论应用和实践的重要领域。通过深入理解两者之间的关系，可以更有效地进行土地资源的合理配置和高效利用。

第 3 章　交通工程咨询服务的发展历程

1949—1982 年，中国交通工程咨询行业初步发展。1983 年体制改革政策实施之后才真正开始发展，2005 年进入成熟期。经过 70 多年的发展，整个工程咨询行业的成果为中国建筑业发展作出了突出的贡献，表现为行业规模不断扩展、发展速度不断加快。可以说，交通前期咨询行业历经初创期和成长期，目前正处于成熟期阶段，而且成熟期将有较长的发展时间。在中国新的发展时期，有必要回顾历史，并判断当前所处阶段、问题和挑战，进行发展展望，以帮助了解深圳轨道交通前期咨询服务所处行业的竞争态势。

3.1　中国交通工程咨询行业的发展历程

工程项目咨询涵盖所有的建设工程项目，指的是在建设全过程提供咨询和管理服务，包括工程项目的勘察设计、造价、监理等方面。评价该行业发展阶段的关键指标包括准入政策、从业机构数量、市场增长率、盈利能力和竞争情况等（黄季伸等，2018）。以下将分别进行中国工程项目咨询行业的初创期、成长期和成熟前期三个发展阶段的历史回顾和特征分析。

3.1.1　初创期（1949 年至 1982 年）

中华人民共和国成立后，开始了大规模的建设，包括厂房、基础设施、公用设施、住宅等。但直到 1983 年的改革开放初期，中国实施的是计划经济体制，咨询行业非常弱，不被重视。建设部负责建立工程项目建设的设计、施工和运营维护等规制。工程咨询单位作为建设部主管的下属单位参与到工程建设项目过程，其仅仅具有辅助功能。可以说，1949 年至 1978 年，中国的建设工程咨询行业主要处于起步阶段，整体发展相对较为缓慢，交通工程综合咨询行业规模很小，咨询方法有限，理论薄弱甚至空白，处于起步阶段，服务范围也有限，主要集中在基础设施项目规划等有限领域。

具体分析初期发展阶段的特征，政策环境方面表现在中国实行的是高度集中的计划经济体制，建设工程主要由国家统一规划和组织实施，建设工程咨询行业受到政府主导和控制；行业规模方面，建设工程咨询行业规模较小，咨询机构数量有限，主要集中在经济建设规划、科学技术咨询等领域，服务范围相对狭窄；服务水平方面，由于技术水平和管理水平相对落后，建设工程咨询行业的服务质量和水平有待提高，与国际先进水平存在差距；发展动力方面，建设工程咨询行业受到国家经济建设和基础设施建设的推动，但受制于时代背景和技术条件，发展相对受阻。

3.1.2 成长期（1983年至2004年）

成长期有20多年的历史。1983年，中国开始探索与国情相适应的工程建设管理体制。一个关键点是1983年中央尝试经济体制改革，国家计委发布了《关于颁发〈建设项目进行可行性研究的试行管理办法〉的通知》（计资〔1983〕116号），该办法启动了交通工程综合咨询行业，很多机构开始投入该行业，其理论和咨询方法引起了学者和行业内的重视。国家计委规定要将可行性研究纳入工程建设基本程序，明确要求"先咨询评估、后决策"，只有咨询认为经济效益可行、技术可行，才可以批准建设项目。这一规定促使工程咨询行业科学发展，无论对理论研究还是实践探索都奠定了政策基础，意味着所有的建设项目必须进行前期研究，以提高决策有效性。

1984年，国家计委和城乡建设环境保护部联合发布《建设工程招标投标暂行规定》，把国际上通行的了招标投标制度引入中国。试点到1988年，建设部发布《关于开展建设监理试点工作的若干意见》，又在建设施工过程中将监理工作纳入项目建设规制范围之内，许多工程师通过监理工程师资格考试，获得职业认证。

1992年，国家计委发布《关于建设项目实行业主责任制的暂行规定》（计建设〔1992〕2006号），要求投资方承担投资、经营风险；1994年，接着颁布了《工程咨询业管理暂行办法》和《工程咨询单位资格认定暂行办法》。其中，《工程咨询业管理暂行办法》为咨询行业详细规定了业务范围，即包括"投资前期阶段咨询、建设准备阶段咨询、实施阶段咨询、生产阶段咨询"。首先，投资前期阶段咨询涵盖投资机会研究、编写项目建议书及可行性研究报告等方面内容；其次，建设准备阶段咨询包括工程勘察、工程设计、招标评标咨询等；接着，实施阶段咨询包含设备材料采购咨询到竣工验收咨询等各种全方位的服务；最后，生产阶段咨询服务则主要涉及后评价等。两个办法试点实施之后的1996年，国家计委印发了《关于实行建设项目法人责任制的暂行规定》（计建设〔1996〕673号），对考核和奖惩内容进行了规定。1996年，《工程建设监理规定》正式实施，强制规定监理制度。到此，在政府主导下，强制要求建设项目进行勘察设计、咨询、监理、招标代理的前期研究，宣布工程咨询的强制需求。

1997年，《中华人民共和国建筑法》颁布实施，标志着政策制度向法制化的转型，该法明确了中国所有工程建设项目"五位一体"的管理模式，具有中国特色，也与国际接轨。1999年，《国务院办公厅转发建设部等部门关于工程勘察设计单位体制改革若干意见的通知》(国办发〔1999〕101号)提出了落实法规的行政部门要求,提出了勘察设计单位体制改革的指导思想、目标和基本步骤。

2004年,项目的业主方,即投资方也受到了政府规制的约束。同年,国务院颁布了《关于投资体制改革的决定》(国办发〔2004〕20号),改革了中国投资管理监管流程,从投资方的角度,中国交通工程咨询行业从业企业可以拿到咨询需求,促进"前期服务商"和企业数量的快速增长。

总之,在1983年至2004年的20多年成长期,伴随改革开放各项政策法规的落实,交通工程建设项目数量大幅增加,呈现城市化、交通基础设施进程加快的局面,有力带动了交通工程综合咨询行业的快速发展。

3.1.3 成熟期(2005年至今)

成熟性的一个标志是法规、政策的健全和实施到位,行业得到良性发展。2005年至2014年,我国交通工程领域综合性咨询服务业年度总收入由最初的1292亿元显著攀升至8373亿元,这期间内年复合年均增长率保持在23.1%的高水平(图3-1)。

2014年,全国范围内建筑业工程勘察设计机构共计19262家。与此相较,2005年,该数字仅为14245家,换言之,近10年间这些机构数量增加了5017家,这是一个显著的增长。另外,2014年,整个行业共拥有7279家工程监理机构,而在2005年时这个数字为5927家,相比之下,近10年增长了1352家。除了以上两个方面,工程招标代理机构在2008年至2014年也取得了长足的进步,其数量从原本的4961家扩大至5950家,新增989家(图3-2)。工程建设咨询管理实践基本落实了各项法规政策要求,尤其是勘察设计阶段,国家所要求的各项规定都得到了实施,交通工程综合咨询行业市场化与国际接轨。

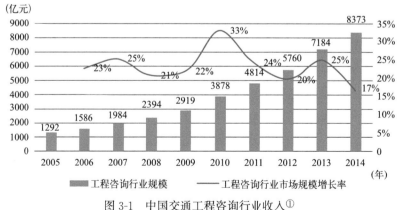

图3-1 中国交通工程咨询行业收入①

---

① 数据来源:国家统计局。

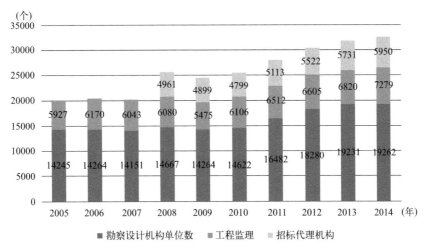

图 3-2 中国勘察设计、工程监理、招标代理机构数量①

首先，从市场增长情况分析，2015 年前，中国交通工程综合咨询行业的市场规模一直保持着持续增长。然而，2015 年受到房地产投资回落等因素的影响，工程咨询行业规模增速与上年相比，同比下降 21%；勘察设计企业的年度营收合计下滑 33%。虽然 2016 年和 2017 年出现了一定程度的反弹，但同比增长率与之前相比大幅下降，工程咨询行业规模增速仅为 8% 和 9%（图 3-3）。

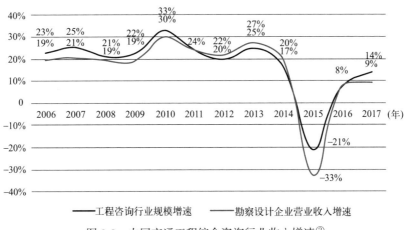

图 3-3 中国交通工程综合咨询行业收入增速②

其次，从行业盈利情况分析，中国交通工程咨询项目实际得到的收入占固定资产投资的比率逐渐往下发展，"暴利"阶段结束。按照法规，中国工程咨询行业的收费标准由政府规定，要求以项目投资额为准，同时综合考虑各种不同的项目状况，例如专业系数、建设项目的具体复杂程度，再加上因项目个性化的调整系数等。政府部门按照随机性原理，

---

① 数据来源：国家统计局。
② 数据来源：根据国家统计局公开资料整理。

挑选工程咨询收入占固定资产投资额的比例进行测算评价，用以考察行业盈利的整体情况。评估的结果是：2015年以前，我国的工程咨询服务收入遵循政府设定的指导性价格体系实施操作，尽管该行业的收费标准并未发生较大变动，然而其所占全国固定资产投资总额的比重却一直维持相对稳定的状态，也就是说，该行业受制于市场供求关系的影响程度相对有限。

进入成熟期后，国家发展改革委提出了新的规制要求，即不提供工程咨询收费的政府指导价，咨询费用改为业主或建设施工企业与咨询公司双方谈判议定，即根据市场价格定价。由于一般的咨询公司的议价能力较弱，结果是工程咨询收入占固定资产投资额的比率迅速下滑。更为不利的因素是，人工成本却不断增加，最终结果是工程咨询行业的利润率显著减少（图3-4）。

图3-4　中国交通工程咨询行业营业收入占固定资产投资额的占比①

最后，从行业竞争情况分析（图3-5），呈现"马太效应"，行业内重新整合现象增多，工程咨询行业的排名要求迅速升高。自2004年起，中国出版的《建筑时报》与美国出版的ENR杂志进行战略联盟，双方同意以上一年度营业收入为基础核算工程设计企业的排名，共同发布中国工程设计企业60强的榜单。根据此排名计算方法，2005年进入该60强榜单的设计企业标准是营业收入至少要达到11600万元，而到2016年，这一标准数字已经增长至61787万元，复合年均增长率达到16.4%。

资本力量的介入推动了工程咨询行业的整合与发展。工程咨询行业发展到2012年，苏交科集团股份有限公司成功上市；随后2014年，中衡设计集团股份有限公司成功上市。众多工程咨询企业迈向上市之路，截至2018年8月份的最新统计数据显示，在中国内地资本市场亮相的工程咨询知名企业已经攀升到前所未有的20家之多（此处并不涵盖已经在"新三板"挂牌交易的企业）。这些上市公司采用资本市场常用的并购重组

---

① 数据来源：国家统计局。

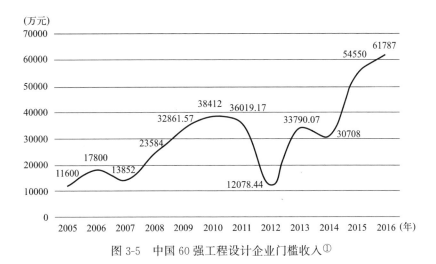

图 3-5 中国 60 强工程设计企业门槛收入[①]

手段，高速扩展业务范围和市场规模。有名的案例之一便是华建集团果断完成了对武汉正华建筑设计有限公司的全面收购及控股行动，此次收购行为使华建集团成功实现了企业内部的业务协同效应及跨区域性战略的进一步发展。同样值得一提的还有苏交科集团股份有限公司对石家庄市政设计研究院有限责任公司及广州建粤路桥检测技术有限公司的并购案例，这使得苏交科在京津冀地区、正在建设中的雄安新区，以及华南广大地区的市场份额得到坚实的提升，进而成功拓展了其主营业务覆盖至市政设计与工程检测领域，为自身未来的发展奠定了更加稳固的基础。

3.2 中国交通工程咨询行业的发展特征

3.2.1 政府主导型的市场态势

中国交通工程咨询行业发展的历程与中国政府渐进性工程建设管理体制改革有密切关系。法律法规定义了工程咨询的范围，有关部门完整地颁布和实施了工程咨询单位等级资格认定制度，形成了具有中国特色的交通工程咨询行业管理体系，随着我国工程建筑管理体制改革步伐的逐步推进，相应地产生并不断深化了诸多发展进程。可以说，这些发展历程是中国政府随着认知水平、决策科学化的进步，以及对工程建设项目管理的全面规制要求而发展的。交通工程咨询行业的发展始终受政策的引导，建成了具有体制特征的政府主导体系，根植于中国的情境因素，也是中国交通工程咨询行业能够在 40 多年内高速发展的成功因素之一。

---

① 数据来源：《建筑时报》。

3.2.2 合规要求高标准

《关于实行建设项目法人责任制的暂行规定》文件具有强制性，在一定时期内发挥了重要作用，详细规定了建设项目的考核指标，包括固定资产投资金额、建设相关法律和法规执行合规情况、年度投资计划的精准程度、批准设计文件的执行质量、概算控制能力、资金使用率，以及工程组织管理有效性、建设工期长短等指标体系。总之，建设项目审计报告是每个项目都要提交的报告，重点关注各个环节的合规性。成本控制通常要求不超过概算范围，即使发生"超概"的项目，也会要求财务通过"调概"等会计合规的手段处理达标。"合规性"是底线，尤其要求大型工程咨询单位严格执行法规政策，目前无论是公有的还是私营的工程咨询公司都要求合规，已经成为中国交通工程咨询行业的普遍特征。

3.2.3 市场化进展缓慢的历史

由于建设项目的长期性和投资大，涉及使用者的安全性，2018年以前涉及工程咨询业务的企业，需经过相关部门严格审查并取得相关资质才被允许其承接此类经营活动；对于所有从事相关职业的人员来说，亦必须通过相应的执业资格考核并获得认证方可持证上岗。这种双重资质、资格管理的国际化接轨体制，一方面为企业提供了一定的保护壁垒，进入门槛较高，但也同时导致企业的管理成本居高不下。另一方面，这种规制体制也导致"挂证""挂靠"现象频发，甚至出现低价恶性竞争等问题，制约了咨询行业服务水平的提升。

3.2.4 依附固定资产投资规模和速度

2000年前，基于中国固定资产投资增速较低的业态，交通工程咨询行业普遍企业规模较小，从业者收入也处于较低水平。自2000年起，政府开始调整政策，引发固定资产投资呈两位数增长态势，但2003年开始有所下降。2008年的金融危机又是转折点，中国实施了量化宽松政策，发行了4万亿元人民币货币，刺激固定资产投资增速再次攀升至历史新高。然而在此之后，以固定投资强劲动力为依托的工程咨询行业发展速度呈明显下滑趋势，依附固定投资的交通工程咨询行业增速也表现出基本同步的曲线。

3.2.5 交通前期咨询服务行业现状

中国轨道交通前期咨询服务行业近年来经历了快速发展，相关市场调研报告预测，行业市场规模在2022年达到一定数值，并预计到2028年将实现进一步增长。而在专业上可以细分为多个领域，包括投资评估与审计、许可与合规、项目与信息管理、监控与测试等。其中，投资评估与审计是行业最大的收入来源。在技术上目前自动化程度较高，中国城轨行业的装备自主化水平不断提升，尤其在车辆系统、信号系统、通信系统等方面，部分技术已达到甚至超过国际水平。运营管理上也取得了进步，包括构建起城市轨道交通运营管理制度体系，以及发布多项运营标准。例如：深圳地铁集团成为我国首个中标运营埃塞俄比亚项目运营权的企业，正是运营管理技术提升，企业品牌走向国际市场的重要体现。

当然，轨道交通前期咨询服务行业的迅速发展也离不开政策与法规的支持，我国在轨道交通领域出台了一系列的政策和法规，为规范和促进轨道交通建设的健康发展提供了重要的政策环境。但行业快速的发展之中，也存在一定的弊端，例如：网络机构功能不强，交通运输品质后续服务质量不高，行业的可持续发展动力不足等。在日新月异的市场需求变化中，轨道交通前期咨询服务应该更多地尝试探索到多个终端应用领域，包括航天、汽车行业、生物技术和制药、化学工业、消费产品等。除此，我国轨道交通前期咨询服务行业还应该考虑到行业竞争等问题，例如：中国市场中存在一些主流企业，如 Tranit Aociate、Chicago Tranit Authority、Kimley-Horn、Rail Tranit Conultant、RTC INC. 等，它们在市场上占据一定的份额。而我们的主流企业大多还是停留在轨道交通建设上，后续客户服务满意度提升、市场需求的深挖能力等都与国外这些主流企业存在一定差距。

因此，中国轨道交通工程咨询服务行业正逐步向管理效能提升、运营可靠度提高、服务质量升级过渡，同时也要特别注重行业的可持续发展。尤其我国轨道交通较为发达的城市和区域，如华北、华中、华南、华东等地区，进一步提高服务品质，打造品牌影响力，扩大市场规模，加大在技术、管理、服务等方面进行创新和提升，为迅速占据市场份额立住脚跟。

3.3 中国交通工程综合咨询行业的发展趋势

3.3.1 全过程工程咨询服务的中国特色

全过程工程咨询是对工程建设项目从前期研究和决策到实施和运营的全过程进行服务，包括招标代理等。这种服务模式旨在满足建设单位对一体化服务的需求。全过程工程咨询服务意味着只有具备综合能力的工程咨询企业才可以提供服务，以满足客户的要求；如果没有综合能力，则需要多家具有不同专业特长的企业进行联合投标。这种全方位服务有利于提升工程建设过程的合作协同效果，进而提高投资效益、保障工程质量和达成运营效率指标，推动高质量发展。根据《国家发展改革委 住房和城乡建设部关于推进全过程工程咨询服务发展的指导意见》（发改投资规〔2019〕515号），中国未来将以全过程工程咨询的模式，推动完善工程建设组织模式的创新。

发达国家的国际知名工程咨询企业在业务选择方面采取了"立足设计,聚焦两端"的市场竞争战略,在项目的初期,这些成熟的知名大公司往往为项目提供设计的前期调研服务,展开社会经济效益、文化传承、宜居的各种规划服务,力求获得整体规划的前瞻性、具有城市发展长期效益的研究咨询服务。然后提供设计规划咨询服务以满足当地法律法规的要求,争取尽快完成审批手续,获得建设许可。随着工程建设项目的完成,再接着提供更新与维护的咨询服务,工程前期咨询服务企业的业务贯穿整个项目的生命周期,即为工程建设项目提供前期规划、设计方案、设计报批、施工过程中突发事件的应急服务、项目施工完成后的运营和维护等全过程工程咨询服务。因此,工程综合咨询具有连续性,不会因为不了解前因后果而为客户提出与现实脱节的建议方案,综合性的咨询服务已经成为行业的发展趋势。

中国全过程工程咨询服务全面学习国际经验,即使目前尚处于初创期但发展迅速。2017年,国务院颁布《国务院办公厅关于促进建筑业持续健康发展的意见》(国办发〔2017〕19号),该指导意见明确规定了全过程工程咨询服务行业的培育目标,并针对性地提出了相应的具体要求。紧接着,住房和城乡建设部根据该指导意见,发布了《住房城乡建设部关于开展全过程工程咨询试点工作的通知》(建市〔2017〕101号),确定北京、上海等8省(市)为首批试点地区,发展全过程工程咨询服务业。2019年3月,《国家发展改革委 住房城乡建设部关于推进全过程工程咨询服务发展的指导意见》(发改投资规〔2019〕515号)印发,以上各个不同层次、不同部门出台的政策,有力促进了建设领域全过程工程咨询服务业态的成长。

3.3.2　信息化升级

工程咨询的电子化、信息化发展是利用互联网、信息技术、软件技术和人工智能等先进的科技手段,以及先进的管理手段,对工程咨询服务过程和工程咨询单位的管理资源进行有效整合和提升,以提高工程咨询服务水平,提供更准确、及时、科学的数据,进一步支持智慧企业建设。中国工程咨询服务的信息化水平相对较低,促进信息技术的融合应用已成为产业政策的重点鼓励方向。随着"互联网+"行动的不断推进,招标投标市场逐渐将重心从传统模式转移到电子模式上来。近年来,中国电子招标投标行业持续发展,涉及的业务范围不断扩大,取得的经济社会效益也逐渐显现。从全国各地近年来的招标投标项目实践看,电子招标投标采购模式具有节约资源、提升市场效率,以及全面规范招标采购过程、改善招标采购质量、降低采购成本等优势。

在工程项目的前期规划、施工设计和运维管理等阶段,利用信息化技术可以实现数据全过程贯通,加强工程咨询单位的信息高效共享,有效避免各专业之间的错误、遗漏、冲突和缺失,对缩短建设工期、提高质量和效率,以及规避风险等具有重要意义。在勘察设计领域,将BIM与企业管理信息系统整合应用,能够促进设计和管理水平的提高。工程监理利用互联网和信息技术，有助于缩短工期、降低施工成本、优化流程，并提高建筑施工监理水平。工程试验检测利用信息化手段加强见证取样、送样和检测试验管理，可提高办事效率和检测服务水平，确保建设工程质量。随着互联网、信息技术和软件开发等技术与交通工程综合咨询行业的融合，工程咨询行业的未来发展将会更好。

3.3.3 智能化技术应用前景

在全球范围内，新一代信息技术如人工智能、大数据和云计算等，正成为传统动能改造升级的助推剂和培育新动能的关键平台。这些技术正在加速与传统制造业、服务业等领域的交叉融合，已成为当今世界各国竞争的焦点。住房和城乡建设部发布的《2016—2020年建筑业信息化发展纲要》(建质函〔2016〕183号)提出，要开展智能化技术的发展，尤其是建筑施工过程中推广智能的机器人、穿戴设备、手持终端设备、监测设备、3D扫描等设备的使用，以提高施工质量、效率和安全性。同时，要探索在建筑业如何实现物联网、云计算、大数据、人工智能等新一代信息技术的集成应用，发展智慧建造和智慧企业。目前，一些行业领先企业已在积极开发集成无人机、智能传感设备、深度学习等软硬件，开发智能检测、智能监理技术和服务的应用。在工程监理领域，智能监理涵盖了高边坡滑移自动化监测、桥梁自动化监测、隧道内部施工自动化监测、大型混凝土自动化监测和管网平台等。智能监理通过无人机、智能监控设备等技术和设备来实施，可以有效降低人力成本，并显著提升服务品质。

许多中国行业企业已开始向智能监理方向转变，踊跃布局相关市场，用智能技术监理是未来发展的明显趋势。在检测领域，随着云计算、大数据、物联网和智能化技术等技术的发展，检测技术和工具正在发生创新。利用智能传感器等设备，可以实现全天候的监测覆盖，从而有效提高监测的及时性和效率，降低人工成本。在地理信息产业领域，全球范围内新技术如移动互联、云计算、大数据和智能制造等快速发展。高新技术的应用和地理信息的融合使得地理信息的实时获取、快速传输、综合处理和应用能力大幅提高。地理信息服务效率不断提升，地理信息技术创新和市场开拓也取得了进展。

3.3.4 巨大增量市场空间

"新基建"是指致力于科技端的基础设施建设，主要包括5G网络、人工智能、工业互联网、物联网等新型基础设施建设领域。该概念首次于2018年12月提出，2019年中国进一步提出了加强新型基础设施建设的目标，包括发展新一代信息网络、拓展5G应用、建设充电桩、推广新能源汽车、激发新消费需求，以及助力产业升级。"新基建"所带来的新技术、新业态和新模式推动了中国企业的数字化转型，优化了生产和服务资源的配置，促进了产业向价值链中高端迈进，增强了企业的自主创新能力，推动了城镇化和工业化迈向更高质量发展。

新基建的发展将带动巨大的投资规模,例如,5G 网络与云计算、大数据、物联网和人工智能等领域的深度融合,将形成中国特色的信息技术应用、领先全球的基础设施核心能力。2021 年 9 月,工业和信息化部等八部门联合印发《物联网新型基础设施建设三年行动计划(2021—2023 年)》(工信部联科〔2021〕130 号),进一步明确推动新融合基础设施建设,加快推进市政基础设施智能化改造,以及加快公路、铁路、轨道交通、航空等传统基础设施的数字化改造。当前看来,"新基建"对传统基础设施的升级为工程咨询服务行业带来了较大的增量空间。在市政工程、交通路网智能化升级和数字城市建设等方面,工程咨询业将能够获得新的发展机遇。

3.3.5 行业"马太效应"增强

中国早期的交通工程综合咨询行业主要由中国或地方事业单位经营,业务范围局限于单位所在地或系统内,呈现出地域性和行业性垄断的特点。这种情况导致缺乏全国性大型公司,中小型企业占据主导地位,行业参与者众多。随着国民经济的增长和城市化进程的加快,中国市场经济进程进一步加快,预计工程建设行业将会有更快、更大规模的发展。与之相关的工程咨询服务行业,必定会得到更多的发展机会,市场化程度将迅速提升。特别是在政策较为开放的地区,如各地的开发区,工程咨询服务行业的地域性特征明显减弱,跨区域经营愈发普遍。

随着投资体制改革和资本市场的介入,行业企业整合现象将显著增加。以工程监理为例,2019 年收入过亿元的企业数量较上年增长 16.74%,综合资质和甲级资质企业增长分别为 9.95% 和 2.26%,而丙级资质企业数量减少,事务所资质企业基本退出市场,突显了"马太效应",头部企业进一步壮大。《建筑业发展"十三五"规划》(建市〔2017〕98 号)提出,中国将促进大型企业做优做强,形成一批以开发建设一体化、全过程工程咨询服务为主要业务、技术管理领先的龙头企业,并培育一大批具有国际领先水平的、中国本土的全过程工程咨询企业。在交通工程咨询行业未来整合浪潮中,龙头企业将面临良好的发展机遇。

第4章 深圳市轨道交通的发展历程

4.1 深圳市轨道建设历程及土地利用现状

4.1.1 深圳市轨道建设历程

随着社会经济和人口的快速发展,深圳城市交通形势愈发严峻。《深圳市城市总体规划(1996—2010)》(1996版)提出远期轨道交通线网方案及近期建设项目(即深圳市地铁一期工程)。2000年,深圳地铁一期工程全面开工,2004年建成通车。受规模限制,地铁一期工程难以形成合理有效的运营,必须及时启动二期工程。

2003年底,深圳市编制《深圳市城市轨道交通建设规划(2005—2010)》(即深圳市地铁二期工程),2005年3月,得到国家发展改革委立项批复。该规划完成后,原有各种规划背景发生较大变化,对城市轨道交通与区域交通的衔接提出新的要求。为适应深圳市经济发展、城市建设、人口规模及城市交通的发展变化,满足2011年第26届世界大学生夏季运动会交通疏解要求,在新一轮城市总体规划和轨道交通网络规划的基础上,深圳市政府编制完成《深圳市城市轨道交通建设规划调整(2005—2011年)》,2008年11月,国家发展改革委正式批复该规划调整,二期工程于2011年全面开通运营。

二期工程建成后,虽然能够形成约178km的初期轨道交通线网,但是轨道交通仅覆盖主要"轴带组团"中的发展轴和部分城市中心,一些城市副中心、组团中心和密集建成区均未被轨道交通覆盖,难以满足城市发展的需要。2009年,深圳市编制《深圳市城市轨道交通近期建设规划(2011—2016年)》(即深圳市地铁三期工程),2011年4月,得到国家发展改革委立项批复。该规划在上报后,国家又相继批复深圳特区范围扩大至全市、深圳城市总体规划、前海合作区规划、国际低碳城市规划、前海蛇口自贸区,原有各种规划背景发生较大变化,有必要适当提前部分线路的建设。为满足特区一体化和城市重点地区发展要求,在新一轮轨道交通网络规划的基础上。2013年,深圳市政府编制完成《深圳市城市轨道交通近期建设规划调整(2011—2016年)》,2015年,国家发展改革委正式批复该规划调整。

2016年10月,深圳市政府公布了《深圳市城市轨道交通第四期建设规划(2017—2022年)》。2017年7月,国家发展改革委正式批复该规划,确定了建设6号线支线、12号线、13号线、14号线、16号线共5个项目,总长度148.9km,项目总投资约1344.5亿元。2018年底,深圳市启动《深圳市城市轨道交通第四期建设规划调整(2017—2022年)》编制工作,2020年4月,国家发展改革委正式批复该规划调整,确定了除第四期线路外,新建设3号线四期、6号线支线、12号线二期、13号线二期、16号线二期、7号线二期、8号线三期、11号线二期、20号线一期项目。增加线路长度约76.5km,新增投资约923.9亿元。

4.1.2 轨道站点周边用地利用现状

改革开放以来,深圳市经济水平高速发展,城市化水平不断提高。与此同时,综合交通枢纽不断建设、完善,陆续建成罗湖枢纽、深圳北站、前海枢纽、福田枢纽、布吉客运枢纽、车公庙枢纽等多个大型交通枢纽,有力支撑深圳市快速发展。

1. 罗湖枢纽

罗湖枢纽依托既有火车站及出入境口岸,在城市建成区改造形成,为深圳市第一代综合交通枢纽。该枢纽位于深圳市罗湖区南端,紧邻中国香港,为深圳市早期对外联系的主要窗口,对深圳市的早期开放及经济发展起到至关重要的作用。随着枢纽周边区域的不断发展,深港两地居民往来日益频繁,枢纽服务水平已难以满足居民出行需求,提升改造势在必行。然而,枢纽周边地区经过数十年的发展,用地格局无法改变,难以新增建设用地,改善设施必须在局促空间内完成。因此,深圳市政府在不新增占地、不侵占国家铁路站房和罗湖口岸用地的前提下,结合地铁1号线建设,集约布设各种交通设施,形成中国首个集国铁、地铁、口岸、长途汽车站、公共汽车场站、出租汽车场站等设施于一体的综合交通枢纽。

罗湖枢纽在一体化建设运营方面进行了初步探索。建设阶段工作由深圳市政府统一部署。运营阶段由深圳地铁集团成立罗湖枢纽物业管理处,统一管理枢纽交通层、公共汽车场站、出租汽车场站、人行下沉广场等设施,同时建立与国铁、口岸、地铁、长途汽车站及周边商业设施之间的管理协调及联动机制,有效提高枢纽运营效率。

2. 深圳北站

深圳北站采用TOD策略,在城市发展区建设,以带动周边城市快速发展,为深圳市第二代综合交通枢纽。深圳北站位于深圳市中部龙华新区,是京广深港客运专线、厦深铁路、深茂铁路、粤赣铁路的交会点,是全国重要的区域性铁路客运枢纽,同时集成地铁4号线、地铁5号线、地铁6号线车站,以及公共汽车场站、出租汽车场站、长途汽车客运站等接驳设施,是深圳市最重要的综合交通枢纽。枢纽占地约26hm^2,高铁车站设置11个站台,20条到发线,设计日到发列车能力316对。

深圳北站延续罗湖枢纽的主要建设思路，将疏解铁路客流作为主要任务，整体布局采用"十字"骨架结构，以国铁站房为核心，周边象限紧凑布置地铁车站、平南铁路、公共汽车场站、出租汽车场站、长途汽车客运站及社会车辆停车场等接驳设施。地铁4号线、地铁5号线、地铁6号线车站与东广场国铁站房一体化设计，尽可能减少换乘距离。公共汽车场站、出租汽车场站、长途汽车客运站均结合枢纽附属建筑一体建设，为乘客提供舒适的室内候车环境。车行设施均采用专用匝道与留仙大道、玉龙路等城市主干路衔接，完全实现车流管道化组织，保障枢纽交通效率。

在总结罗湖枢纽建设经验教训的基础上，深圳市政府联合铁道部在建设之初即成立深圳北站联合建设指挥部，统筹枢纽范围内广深港客运专线，地铁4号线、5号线、6号线，市政道路，以及公共汽车场站、出租汽车场站等设施建设。运营期深圳北站大力加强对不同管理方的整合，共同成立深圳北站交通枢纽运营管理中心，统筹负责广场、公共汽车场站、出租汽车场站、长途汽车客运、社会停车场、商业建筑等一系列设施的运营管理，同时与国铁、深圳地铁、港铁公司建立沟通协调机制，共同保障枢纽的高效运营。

3. 前海枢纽

前海枢纽采用站城一体开发策略，枢纽与周边城市同步规划设计、协调建设，为深圳市第三代综合交通枢纽。前海枢纽位于深圳市前海自贸区的核心区，可直接联系位于深圳、中国香港的两大国际机场，是珠三角重要的城际交通枢纽、深港西部主要过境口岸，是珠三角城市群与中国香港快速联系接驳的结点，是深圳市未来六大轨道站点之一，也是前海合作区的通勤交通中心。枢纽占地约 $20hm^2$，包含港深西部快轨、穗莞深城际线，以及地铁1号线、5号线、11号线5条轨道交通线路的站点，集合城际轨道交通站点、城市轨道交通站点、口岸、地面地下道路、公共汽车场、出租汽车场站、旅游大巴停车场等多种交通设施。是集商务办公、商业、公寓、酒店等多种业态于一体的城市综合体，前海枢纽先期工程于2016年6月投入运营。

4. 福田枢纽

2006年8月，铁道部与深圳市政府签署了《广深港客运专线深圳市区内设站事宜备忘录》，广深港客运专线将在深圳市中心区增设一个地下车站——福田站。

为与广深港客运专线福田站相配套，深圳市政府决定以此为契机，兴建福田综合交通枢纽，并于2007年11月批复了项目建议书。2008年8月正式开工，2011年6月，地铁2号线、3号线开通运营，2016年6月，地铁11号线开通运营，2015年12月，福田高铁站正式投入运营。

福田枢纽位于福田中心区，东起益田路、西至民田路、南至福华一路、北至福中三路。紧邻市区中心，北靠莲花山，周边政务大厦及中央商务区建筑林立，是深圳市政务、文化及经济中心。

福田站布设了地铁1号线、2号线、3号线、4号线、11号线5条地铁线路和广深港客运专线共6条轨道线路，11座轨道车站，同步形成了近40万m^2的地下空间，线网密度达3.33km/km^2，车站密度达3.22座/km^2，位于世界各城市中心区轨道网络密度前列，是国内第一座地下高铁站，号称亚洲最大、世界第二，仅次于美国曼哈顿中心区的中央火车站。福田站建筑面积14.7万m^2，相当于21个标准足球场，共开设出入口32个，实现了与周边16栋建筑的连通，较好地实现了枢纽与城市的融合，同时，福田站汇集了高铁、地铁、公交、出租车等多种运输方式，引导市民乘坐公共交通工具。此外，福田站地下空间实现高效利用，地下空间开发方面采用枢纽施工工法进行合理开发，南北配套及东配套工程5.8万m^2，布置有商业、餐饮以及其他消费功能区，同时为减小国铁与地铁换乘距离，安装了12部自动步道，通过天井、天窗、导光管设计，充分利用自然采光，在节能的同时丰富了地下空间，形成内外交融，有阳光、有绿化、有变化、宜人的地下空间。

5. 布吉客运枢纽

布吉客运枢纽处于布吉片区的中心位置，集铁路、地铁、常规公交、小汽车接驳等多种交通方式换乘为一体，并连通东西片区，具有综合交通枢纽功能，其核心腹地为以商业和居住功能为主的中心商贸区。枢纽布局规划设计遵循"以人为本、立体开发、高效换乘、综合布局、配套齐全、环境优先"的理念，客运站位于枢纽的正中，连贯东西广场，地铁3号线、5号线站点位于枢纽东部中间位置呈"十"字交叉布置，枢纽接驳设施主要有常规公交场站、出租车停车场和社会车停车场三种，枢纽周边的道路交通设施主要有深惠路、吉华路（粤宝路）、铁东路、铁西路、中兴路和布龙路等。布吉客运站定位为辅助客运站，根据《深圳铁路枢纽总图规划》，布吉客运站将办理23对长途列车的始发终到作业和18对长途列车的通过作业（经停布吉站），另外还将有部分广深城际列车的始发终到和通过作业。广深铁路公司计划日发长途客车25～30对，主要开行至四川、湖南、湖北、江西、安徽等省份。另外还办理部分广深之间的城际列车作业。根据布吉客运站的设计规模，布吉客运站近期高峰日铁路到发客流量为5万人，远期为7万～9万人。按到发高峰小时系数为0.2、旅客接送比例为1∶0.2、近期高峰小时方向不均衡系数为0.7、远期高峰小时方向不均衡系数为0.6，预测近期、远期单向高峰小时铁路客流量为0.8万人和1.3万人次。

6. 车公庙枢纽

车公庙枢纽位于深南大道与香蜜湖立交桥交叉口西侧，因古建筑车公庙得名，是深圳市首个，同时也是中国国内第2个四线换乘站，为深圳地铁全线网繁忙的站点之一。车公庙站于2004年12月28日随着深圳地铁一期（深圳地铁1号线）的开通而启用，于2016年6月28日开通深圳地铁11号线，于2016年10月28日开通深圳地铁7号线和地铁9号线。车公庙站总体布局采用L形四层设计方案，地铁1号线、11号线与地铁7号线、9号线之间利用香蜜湖立交西南象限匝道,以及部分地面停车场负一层地下空间,设置两个付费区之间的换乘大厅。车公庙站途经线路为深圳地铁1号线、7号线、9号线、11号线,采用三层双岛平行换乘形式,其中地铁1号线与地铁11号线平行布置,通过站厅换乘;地铁1/11号线与地铁7/9号线车站呈"L"形布置,通过换乘大厅换乘。

4.2 深圳轨道交通对TOD模式的探索

4.2.1 深圳"轨道+物业"发展历程

深圳轨道交通发展历程如图4-1所示。

图4-1 深圳轨道交通发展历程图

第一阶段:轨道一期工程,轨道沿线用地综合开发的探索起步阶段。

政府财政大力支持,出资额占总建设投资的70%,轨道建设资金压力相对较小。围绕一期工程的主要片区和站点通过城市设计进行局部优化。结合轨道建设契机,地上、地下综合开发。结合轨道工程形成的自然地下空间一体化同步开发。

第二阶段:轨道二期、三期工程,轨道沿线用地开发的发展和成熟阶段,采用"轨道+物业"的开发模式。

轨道二期阶段,由政府结合轨道沿线站点设置和车辆基地布局,选取区位条件好、规模较大、开发潜力较大的空白用地,对地块的用地功能和开发强度进行规划研究确定后,按(带特定条件的)招拍挂方式,以较低地价出让给地铁公司,或者由政府以注册资本金形式低价返还给地铁公司。轨道三期阶段,确定轨道沿线7个具有开发潜力的地块,将7个块地总地价作为财政直接投入地铁公司,由地铁公司结合轨道建设进行规划运营。

第三阶段:轨道四期工程,轨道沿线用地开发的逐渐转型发展阶段。

尝试利用城市更新、土地整备、整村利用利益统筹等开发阶段主要手段拓展轨道沿线土地综合开发空间。结合沿线城市功能特点和需求，统筹地上、地下空间，加大地下空间的一体化开发力度，积极拓展空间资源。地铁公司与沿线区政府及相关用地单位对站点一定范围内的拓展区、城市更新区进行合作开发，促使轨道交通外部效益内部化。

4.2.2 深圳轨道交通 TOD 的理念

深圳轨道交通"站城一体化"开发结合 TOD 与紧凑城市理论，建立了一种符合高密度城市开发特征的可持续发展理念（图 4-2）。即充分发挥"站城一体化"开发模式，借用轨道站点的土地价值优势，站点周边附近布设商务办公、商业、公共服务配套、居住建筑，吸引大量人流，引导滚动开发，推动片区经济发展。并且在出行模式上，大力倡导公共交通等绿色出行方式，有助于缓解城市日益严峻的交通拥堵问题。因"站城一体化"地区城市活力的表现，往往形成强而有力的功能辐射作用，借助于轨道站点与周边功能的一体化，促进站点土地的经济价值增加，使得土地效率最大化，拉动相关区域的经济发展，确保城市整体的持续健康。

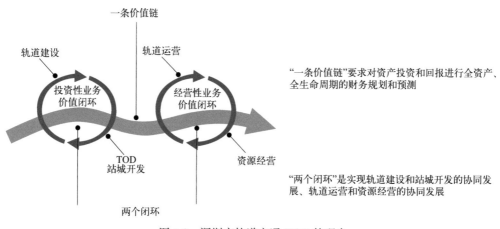

图 4-2　深圳市轨道交通 TOD 的理念

功能层面强调混合多样性，面向站点吸引的不同规模人流，提供适宜层级的复合功能整合公共服务资源，打造宜人高效的城市公共生活圈层。结合站点步行网络及周边用地开发，合理布置服务设施。空间层面，首先强调围绕站点布置多样化绿色换乘设施，有机衔接多层次通行系统，优化站点步行网络，打造站点与周边各类设施的便捷联系。其次，围绕站点进行高强度集约开发，消化城市建设发展需求，优化城市整体建设密集布局。同时充分挖掘自然、文化要素，强调城市发展脉络的本源特征整合用地开发与站点建设，形成多重尺度的标志性体验空间。

打破深圳轨道交通站点及其周边空间、设施一体化程度不足的问题，以 TOD 理念引导周边地区城市设计建设，推动"站城一体化"高质量城市空间建设。轨道交通站点选点与绿道等绿色出行交通系统衔接存在不足的问题，轨道交通站点未与周边重要空间

第 4 章 深圳市轨道交通的发展历程

建立良好的步行连接，街道路网尺度过大、距离过长，无法营造街道环境；轨道交通站点及其周边地上、地表、地下空间多互相独立，空间联系不强，人群流动受阻；需通过轨道交通站点及其周边一体化设计，破解轨道交通站点与周边空间、设施一体化不足的问题，实现轨道交通站点的站体空间与城市的开发建设以及人的深层次需求融为一体，推动城市空间建设的高品质发展。轨道建设进入快通道，基于财政补贴为主的投融资模式难以为继。轨道建设筹资模式由原先的财政补贴转向"以地养铁"的模式。

4.2.3 深圳轨道交通 TOD 的特征

（1）步行友好是 TOD 理论的核心内容，相对应的城市空间设计手法应侧重于如增设街道交叉口和减小街道尺度等，将机动交通场所转变为步行者享有的城市空间。步行友好具有两个层面的内涵：宏观层面提供直接联系 TOD 内部的街道网络；微观层面创建行人友好的街道空间和广场空间。具体措施包括根据街道走向确定建筑朝向，强化街边建筑入口、阳台门廊等建筑细部和活动空间等。

（2）良好的可达性意味着高密度的街道网络和良好的广场区位。一方面高密度的街道网络有利于机动车辆的交通疏解，增强目的地的步行可达性；另一方面，广场在 TOD 中扮演为非正式集会或公共事务等"公共活动"提供场所的角色。因此最适合建在居住区与核心商业区中心，用于强化 TOD 中住宅区和商务区的场所感。

（3）继承和沿用传统空间形式语言，通过宏观层面的沿用传统城市公共空间结构设计和微观层面的街道、广场构成要素设计，实现传统公共空间形式的特色。

（4）注重地方特色，合理利用用地提供的物质要素，如山体、河流等，即传统园林中的"借景"手法，关注对人的行为活动引导。通过广场和街道构成要素设计彰显地方特色等。

4.3 深圳轨道交通建设中 TOD 面临的困境

4.3.1 站城复合型使功能集聚不足

深圳早期编制的法定图则往往滞后于城市轨道交通规划建设。自主化的单元更新对法定图则用地的突破程度有限，无法为站城一体开发的轨道交通站点、站前广场等核心要素提供适宜的用地供给。因而用地功能及规模布局需要统筹安排，以有效衔接站城一体复合化的开发需求。通过自下而上申报的城市更新单元规划，更多体现开发主体及原业主意愿。尤其在轨道交通站点周边自主申报的更新方向，多倾向难度低、获利多的商住类开发项目。在缺乏宏观、中观的规划研究和更新统筹的情况下，自主化更新极易挤压侵蚀站点周边公共服务及产业空间，造成地区的功能同质。同时，统筹缺失下的微观更新操作，会引发市场失灵和增容失度，整体建设突破地区交通和市政设施的承载容量限制。

4.3.2 站城多维空间设计破碎

城市轨道交通枢纽的站城一体开发需要精明混合的空间关系，以解决集约高效开发带来的空间需求和交通分流问题。其土地开发集约高效，空间利用方式多维丰富，强调混合无边界的站域空间。在垂直方向上需要立体开发，实现轨道交通站点空间高效的交通连接与功能转换。水平方向上，需要通过地下与地面，多种方式的空间联系，打破轨道站点交通与周边城市功能的界限。

而传统的更新单元规划，注重对单元更新容量上限控制和内部空间引导。在"零敲碎打"的状态下，对于站城一体开发中需要进行跨单元共享及连片开发的地下空间，地面步行网络及地上立体连廊等缺乏有效的衔接和导控手段，难以形成高效多维的公共空间体系。另一方面，缺乏统筹的更新易造成城市空间形态与风貌的失控。单元之间"各自为政"的空间设计更新好比城市肌理的破碎化拼贴，不利于城区整体的空间形象营造。

4.3.3 产权分散，开发效益难以平衡

传统的单元式更新往往涉及的开发主体或业主相对有限，土地权属情况较为简单，更新门槛相对较低且更容易实现。但是以枢纽站为中心的高度复合集聚型开发模式，涉及站点及步行圈内的较大统筹面积。除了轨道交通开发部门参与外，还涉及多个政府机构和周边开发业主。单元式更新由于缺少空间增值收益再平衡机制，会因土地开发及交通提升带来巨大的经济差异，引发更新主体间缺乏相互信任，并进行"挑肥拣瘦"式的更新。造成一体式开发所需的混合空间和产城融合的多样功能在各个独立单元开发过程中不能有效衔接。

4.3.4 单向驱动，产城融合价值背离

站城一体开发圈层内的业主在未来引入地铁的预期下，在传统更新自下而上的计划申报制度下，大多会以拆除重建的方式预先进行计划申报，以谋求未来各自最大的开发增量。但实际上，各个单元开发的条件和成熟度差异较大，造成周边密集的更新单元的实际开发时间有很大的不确定性。缺乏时序统筹，会导致各个更新单元间不协调的建设，低效重复的开发，造成资源浪费。另一方面，轨道线建设通常有明确的建设周期和时间表，会与建设时序不确定的单元更新产生时空和价值上的矛盾。先进行地铁建设，后期将面临较大的更新及拆迁难度，增加整体建设成本。而先进行单元更新，后期开设轨道交通站点，可能出现站点与周边公共空间的一体化衔接和耦合欠佳等问题。

4.4 深圳轨道交通建设中TOD发展趋势

4.4.1 深圳轨道交通建设中TOD的特征

1. 传统圈层

彼得·卡尔索普指出，典型的TOD地区由轨道车站、核心商业区、办公区、公园绿地、公共开敞空间（公共服务设施）、住宅区和"次级区域"组成，初步形成三个圈层的空间结构（表4-1）。

TOD传统圈层　　　　　　　　　　　　　　　表4-1

第一圈层	紧邻轨道车站的核心商业区、公园、办公区和公共开敞空间
第二圈层	从第一圈层边界至距离轨道车站平均半径600m范围内的办公区、公园绿地和住宅
第三圈层	第二圈层外至轨道公交站点1.6km腹地范围内的低密度建设区，包括大型就业场所、低密度住宅、学校、公园

2. 更替后的TOD圈层

更替后的TOD圈层如表4-2所示。

更替后TOD圈层　　　　　　　　　　　　　　表4-2

第一圈层：站城一体区	紧邻轨道车站，是TOD区位价值最高、功能集聚性最强的地区。强调高强度、商业主导的复合开发，合理布局商业、文化休闲、公共服务、公共交通等城市功能
	深圳标准：距站点半径500m，并细分为半径0～300m的内圈层和半径300～500m的中圈层
第二圈层：步行直达区	人仅依靠步行前往轨道车站所能接受的最长时间和最远距离。确保地区中的开发强度和功能混合度前提下，通过小尺度、开放式街区结构和人性化步行空间设计，营造高品质步行环境
	深圳按照步行速度4km/h测算，确定范围为步行10min，距离站点半径600m左右
第三圈层：公交接驳区	第二圈层外至轨道公交站点1.6km腹地范围内的低密度建设区，包括大型就业场所、低密度住宅、学校、公园
	标准：距离第一圈层核心地段2～3km外区域

3. TOD类型与圈层结构关系

特定区域或城市内，轨道交通站点数量众多。区位、线路、站点等级、功能需求、地价分布、接驳方式各有不同，系统性的TOD规划往往面临相对复杂的问题。在该种情况下，对规划中的TOD地区进行分类分级是有效的规划手段。加拿大温哥华、美国萨克拉门托等城市或地区的规划实践中均将TOD地区划分为不同类型。这种分类往往对应不同的圈层边界尺度。TOD地区类型与圈层尺度的对应逻辑关系分为两种。

第一种是TOD体系中的站点能级与圈层边界尺度正相关。即区位越好、类型等级越高的 TOD 地区边界越大。而区位较差、站点能级较低的 TOD 地区边界较小。圈层边界的尺度更多地反映了站点地区本身的辐射能力。彼得·卡尔索普针对中国的规划特点，提出 TOD 地区主中心圈层边界应为半径 600m，次中心和组团中心圈层边界应为半径 400m。重庆市等均采用该分级原则。

第二种是站点能级与圈层边界尺度负相关。即区位越好、站点能级越高的 TOD 地区，边界越小；反之边界越大。这是由于区位较好的 TOD 地区往往不仅受站点本身的功能辐射，也很可能处在多种轨道公交线路叠加、区位条件十分优越的位置，车站间距较小，辐射范围相互重叠。这一区域一般与周边其他 TOD 地区共同形成发展节点均质、密集布局的综合发展地区，圈层尺度不必过大。位于居住片区或城市外围的 TOD 地区，功能发展的程度、道路条件及公交覆盖密度一般不如中心地区，站点本身的辐射能力得到凸显，市民步行接驳可接受距离更长，图层尺度可适度增加。

因此，在核心站点本身的发展带动作用下，覆盖能力较强、公交线网整体均质化的特定城区内部，或以综合轨道公交等不同类型等级线路的站点为对象进行研究时，TOD 地区能级与圈层尺度呈现正相关关系。在城市中心地区开发条件成熟、轨道公交线网发达，而外围社区条件较弱，或整体考虑城市与郊区大区域内的规划时，TOD 地区的能级也可能与圈层尺度呈现出负相关关系。

4.4.2 深圳轨道交通建设中 TOD 的规模管控

彼得·卡尔索普在《未来美国大都市：生态·社区·美国梦》中根据公交线路运力和站点服务能力的差异，将 TOD 分为城市型和邻里型（表 4-3）。轨道车站周边通常建设较大规模的城市型 TOD，公交车站周边通常建设规模较小的邻里型 TOD。

规模管控要求　　　　　　　　　　　　　　　　表 4-3

城市型	规模一般以步行 10min 的距离或 600m 的半径来界定其空间尺度。一般位于区域公共交通网络的主干线上，如地铁、轻轨或快速公交线路，一般相隔 0.8~1.6km
邻里型	规模一般以公交干线换乘行程时间大约 10min(不超过 4.8km)来界定其空间尺度，一般位于地区性辅助公交线路上

4.4.3 深圳轨道交通建设中 TOD 的开发强度

开发强度既是一个技术指标，也是衡量空间财产价值的工具，涉及开发建设多方主体的切身利益。合理确定 TOD 规划容积不仅关系到 TOD 规划地区集聚发展的理想空间形态目标能否实现，也关系到轨道开发是否可行及运营是否高效等现实问题。

关于规划容积的研究集中在两个方面：①如何精确量化开发强度的研究。如依据人口、地价、客运量等要素，在具体片区、线路或站点周边范围内，测算容积率等开发强度数值。②在区域、城市和线路等相对宏观的尺度上研究开发强度的规划管理方法,即通过规划设计方案、管理技术规定等手段对不同区域的开发强度指标进行规划管理。

4.4.4 深圳轨道交通建设中 TOD 的混合开发

2015 年,住房和城乡建设部发布《城市轨道沿线地区规划设计导则》(建规函〔2015〕276 号),将 TOD 规划分为城市、线路、站点三个层面开展,土地混合利用在不同空间尺度发挥的作用有所不同:①城市层面:强化公共交通支撑和引导城市土地使用的开发模式。②线路层面:确定轨道沿线片区与站点周边地区的功能定位、建设规模、交通设施及其他公共设施等要求。③站点层面:促进轨道交通站点核心区地上、地下空间一体化利用。

4.4.5 深圳轨道交通建设中 TOD 的城市空间设计

根据彼得·卡尔索普在《美国未来大都市:生态·社区·美国梦》中对 TOD 的定义,TOD 理论覆盖了区域、城市和社区等多层面,重视空间设计模式语言、城市公共空间设计、场所感建立等。深圳轨道交通建设中的 TOD 城市空间设计理念也逐步在转变,主要体现在:

第一,TOD 邻里单元理念是建立在邻里单元结构基础上的三种开发模式之一,TOD 继承了邻里单元尺度,即 5min 步行距离(约 400m),并将步行区域的中心布置在轨道交通站点周边处。

第二,在 TOD 的空间表述中,TOD 的空间组织方式与形式主义类似,在区域的中心整合了商业、娱乐、市政用地,公交站点充当与周围其他区域联系的枢纽。

第三,在 TOD 空间形式语言中,方格路网形式由于其传统空间符号意义、高度连接性和步行尺度被提倡和应用,但在城市公共空间设计中,应注重方格路网内涵,注重街道网络的连接性和尺度。

第四,TOD 新传统主义的基本理念是发掘传统城市空间的价值,并结合现代生活特征,建造具有当地特色的人文社区来取代缺乏吸引力的郊区化发展模式。

4.4.6 深圳轨道交通建设中 TOD 的发展趋势

以 TOD 理念,引导轨道交通站点周边存量用地开发,加强政府、市场、专业机构多方协作,通过强化 TOD 范围内整体规划统筹、土地复合利用、高强度开发和人性化的空间设计,实现站城一体化的目标。TOD 开发遵循政府主导、市场参与、整体统筹、连片开发的原则。TOD 开发实施总体思路如图 4-3 所示。

1. 强化政策引导与支持

全国轨道交通迅速发展的背景下,TOD 发展模式应该在政府政策指导下推动,土

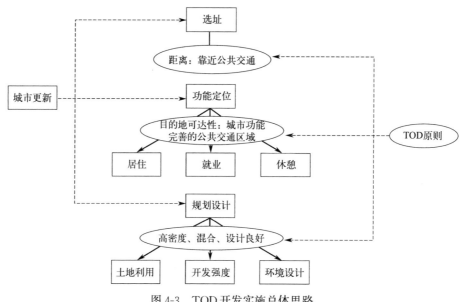

图 4-3　TOD 开发实施总体思路

地一、二级开发联动,通过沿线土地综合开发收益反哺建设和运营,实现轨道交通的持续发展。

国家层面:自 2014 年以来,陆续发布关于"综合开发"的相关政策。同时,通过提高土地综合利用效率来协调解决城市发展过程中出现的交通拥堵及职住不平衡等问题。

地方层面:以《国务院办公厅关于进一步加强城市轨道交通规划建设管理的意见》(国办发〔2018〕52 号)为纲领性文件,截至目前已有 22 个地方城市政府出台相关政策,如东莞、成都、上海等城市均出台了一系列有关综合开发的政策管理制度。深圳作为改革开放经济特区桥头堡,在 TOD 的发展探索中也提出许多具体的政策支持文件,例如,《深圳市轨道交通项目建设管理规定》《深圳市探索创新财政政策体系与管理体制实施方案》,这些政策都提出要创新融资地块土地开发模式,研究 TOD 综合开发政策,鼓励轨道交通企业参与沿线土地整备和城市更新。

2. 加强轨道交通建设中涉及 TOD 用地范围的管控

国铁、城际轨道交通站点及多线换乘枢纽站点周边 800m 半径(约 15min 步行圈)、一般站点 500m 半径(约 10min 步行圈)区域划定为综合开发规划管控区,具体范围可根据地形、现状用地条件及开发强度、城市道路、河流水系、地块功能及用地完整性、城市更新及土地整备规划审批等实际情况进行划定。国铁、城际轨道交通站点及多线换乘枢纽站点周边 300m 半径范围内为核心区。正在规划或未来规划的城际铁路、市内轨道线路在轨道路网规划审批通过后应立即划定"TOD 特殊地区范围",已建成、正在建设的轨道线路站点可根据实际需要划定。

3. 加强对轨道交通建设中涉及 TOD 用地开发主体的遴选

TOD 特殊地区范围内城市更新和土地整备项目计划申报需由政府统筹，结合轨道建设时序、片区规划定位、地铁集团诉求等，明确项目实施路径、实施范围、前期服务商等，统一完成申报。已有意向开发主体的项目由意向主体进行申报，没有意向主体的项目由区政府统一进行申报。开发范围，明确 TOD 特殊地区土地综合开发分级体系、发展定位、主导功能、开发规模等开发要求，并作为法定图则编制或调整依据。

4. 加强对轨道交通建设中涉及 TOD 用地的规划管控

在城市规划的法定图则内划定 TOD 特殊地区，建立 TOD 特殊地区分级分类开发用地布局指引，明确 TOD 范围内功能结构配比，强调围绕轨道交通站点周边功能混合利用。对于定位为综合服务区的 TOD 特殊地区，站点 200m 范围内可适度进行商住混合（R+C）开发。

5. 加强对 TOD 土地分层管理

"TOD 特殊地区"范围内的用地应遵循提前规划、同步设计、一体化开发、分类分层精细化管理的原则，按照红线内、核心区、规划控制区分类管理，地上、地下分层管理组织实施。

4.5 其他城市的相关管理经验

4.5.1 一线城市

1. 上海

上海市政府在站城一体化的实施机制上主要是针对新建线路提出具体实施细则，主要是由政府主导土地开发权，即：对新建轨道交通场站综合建设用地，首先由所在区政府按照现行分工负责征收，完成土地储备形成"净地"。再通过土地招拍挂方式出让土地开发权，通过地铁建设与政府捆绑运作，由地铁公司与市区合作开发。轨道交通专项规划编制前，开展轨道交通车辆基地综合开发利用规划方案（控详深度）编制，由轨道交通建设运营主体通过遴选方式选择合作方，共同研究提出综合开发规划设计方案，相关规划要求原则上纳入轨道交通专项规划一并批复。

2. 广州

广州市政府推出一系列的政策文件，主要有：《广州市人民政府办公厅关于印发〈推进广州市轨道交通沿线物业综合开发的实施意见〉的通知》（穗府办函〔2015〕55号）、《广州市轨道交通场站综合体建设及周边土地综合开发实施细则（试行）》，政策文件明确了站城一体化开发范围，即：以轨道交通场站综合体为中心的 800m 为半径区域。开发权管控：在轨道交通建设的土地整备实施机制上，广州市明确要求轨道交通场站的综合体开发权，需要办理项目用地选址后，方可纳入轨道交通主体征收范围一并征收。对于轨道交通站点周边的综合开发土地则可以先由市土地利用发展中心统筹收储，然后在广州市政府直接领导下进行，由地铁公司向市政府取得沿线物业发展地块的开发权，最后与发展商签订合作合同，成立项目合作公司，共同开发。

轨道交通线网建设规划阶段，同步编制轨道交通场站周边土地综合开发规划方案，规划方案要纳入轨道交通线网建设规划，单独成章，分线路设节，按站点编列项目。市属轨道交通投资建设主体联合市土地利用发展中心、各区政府共同编制规划方案，经市发展改革委、市规划委牵头组织相关职能部门进行联合审查，审查通过后报市政府审定，并作为市政府审核轨道交通线网建设规划的必要条件。经市政府审定印发的轨道交通场站周边土地综合开发规划方案，作为轨道交通场站周边后续土地综合开发工作的重要依据。

3. 香港

香港在站城一体化开发经验上则比其他城市更为成熟。香港特区政府负责土地收储与土地整备，由于香港地铁具备香港特区政府股份，因此港铁公司拥有站点及其周边用地的优先开发权，港铁公司可自行开展面向开发商的上盖物业公开招拍挂活动。区分站点类型，分类管控，加强土地复合利用。按站点中心上盖及周边建筑类型与公共空间类型，分为城市型站点、居住型站点及交通型站点，予以不同的城市更新定位与策略。不同类型站点周边土地复合利用的功能配比存在差异（图 4-4）。

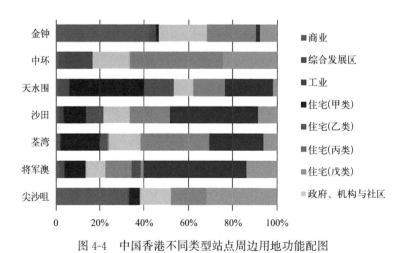

图 4-4 中国香港不同类型站点周边用地功能配图

4.5.2 二线城市

1. 东莞

东莞市政府推出的政策文件主要包括：《东莞市轨道交通站点周边土地专项储备管

理办法》《东莞市轨道交通站场周边土地综合开发及站场综合体建设实施细则》《东莞市轨道交通TOD地区土地与空间复合利用管理规定（试行）》《东莞市轨道交通TOD范围内城市更新项目开发实施办法》等，对站城一体化开发范围划定为城际轨道站点周边以800m为半径区域，城市轨道站点周边以500m为半径区域。

在轨道交通周边用地实施开发权，由市政府委托市土地储备中心，统筹负责对轨道交通沿线站点周边土地储备，沿线园区、镇（街）负责辖区内土地收储的具体工作，在政策允许范围内，支持东实集团、市轨道公司等市属轨道交通建设运营单位，参与轨道交通站点共构地块的二级开发。

相关规划方案分别先由市TOD轨道办会同市城乡规划局编制（市统筹站点）；由市城乡规划局会同属地部门组织编制（市、镇联合统筹站点）；由属地部门组织编制（镇统筹站点）。再由市TOD轨道办报市轨道交通建设及TOD开发领导小组审批。其中，城际轨道交通站点TOD综合开发规划由市TOD轨道办报市政府同意后，报省住房和城乡建设厅审批。经市政府审定印发的轨道交通场站周边土地综合开发规划方案，作为轨道交通场站周边后续土地综合开发工作的重要依据。

2. 成都

成都市政府推出的政策文件主要包括：《成都市人民政府关于轨道交通场站综合开发的实施意见》《成都市轨道交通场站综合开发专项规划》《成都市轨道交通场站一体化城市设计导则》《成都市轨道交通场站综合开发实施细则》《成都市轨道交通场站综合开发用地管理办法》等，对站城一体化开发范围划定为以轨道交通站点为中心，一般站点以500m为半径区域、换乘站点以800m为半径区域。

轨道交通线网与场站综合开发同步规划专项规划应根据轨道交通线网规划、建设规划动态调整，由成都轨道集团负责编制，市规划和自然资源局审定。TOD综合开发规划是指导一体化城市设计编制工作的重要依据，经审定的一体化城市设计方案为控制性详细规划调整或修编的依据。

3. 武汉

武汉地铁集团拥有土地储备权，负责土地整理、开发和土地出让收入的实现。武汉地铁集团还拥有土地开发权，在轨道站城一体化开发模式上属于企业主导型，即"轨道建设单位收储权＋土地开发权"。

4. 南京

南京市政府委托市规划和自然资源局进行沿线土地属性调整、结构优化、集约利用，委托市土地储备中心运作土地，委托地铁建设指挥部和相关单位在实施各条地铁线路征地拆迁中同步完成开发用地的征地拆迁工作。市政府根据工程进展情况，待土地增值后组织上市拍卖和挂牌出让。在轨道站城一体化开发模式上属于政府主导型，即"政府主导收储＋招拍挂出让"。

综上所述，全国不同城市轨道交通公司在轨道交通建设过程中已逐步转向专业化研究轨道交通建设可持续发展模式的探索上，许多城市的土地管理部门也意识到轨道建设能带来沿线土地增值，通过科学合理的政策引导，可以为这类大型市政工程带来"以地养铁"的契机，也就是政府通过赋予轨道建设单位特区经营权，将轨道建设与周边开发捆绑，通过轨道站点周边综合开发实现政府收益反哺、外部收益国有企业内部化，这也是中国政府在轨道交通建设过程中的一次政策创新集中体现。

第 5 章　深圳轨道交通前期咨询服务的探索

5.1　行业发展背景及机会

5.1.1　深圳城市土地空间规划的演变

根据深圳国土空间总体规划，至 2035 年全市建筑增量约 4 亿 m^2，在减量发展的背景下，有限的空间资源要素配置应向轨道站点周边、重点片区倾斜，以提高空间利用效能、加速要素资源流动聚集，实现"提质增效、结构优化"的目标，通过合理安排生产、生活、生态空间，促进产城融合和职住平衡。因此，轨道交通 TOD 土地复合利用和高强度开发的理念能够促进轨道交通沿线用地的结构优化和集约节约利用，是深圳市城市空间发展的必然趋势。伴随城市发展模式的转变，城市更新和土地整备政策也经历了前期探索、修改完善、全面推进的三阶段历程。

1. 增量时代

2004 年以前，深圳市处于增量时代。这一时期的主要特征有：采用直接征地、企业代征地、统征统转多种征地模式；1992 年原特区内统征，2004 年原特区外统转后，全市土地国有；征地过程不彻底、手续不完善等，造成了大量的历史遗留问题；2004 年之后以房屋征收为主，出台大量关于解决历史遗留问题的政策。

2. "增量＋存量"时代

2004 年，针对遗留问题处理、房屋征收、城中村改造，深圳市成立城中村改造工作办公室，全市进入"增量＋存量"时代。《深圳市城中村（旧村）改造暂行规定》（深府〔2004〕177 号）的出台标志着城市更新进入前期探索阶段，特征表现为以城中村改造为主，试点探索旧工业区改造；综合整治推进速度较快，但全面改造推进速度缓慢。2009 年，深圳市成立城市更新办公室，深圳市人民政府发布了《深圳市城市更新办法》（深圳市人民政府令第 211 号）。至此，城市更新进入快速发展阶段。主要特征为：构建了城市更新政策体系；确立了城市更新的原则；明确了更新对象和更新方式；以拆除重建类城市更新为主;将解决土地历史遗留问题纳入了更新工作内容。《深圳市人民政府关于推进土地整备工作的若干意见》(深府〔2011〕102号)的出台标志着对土地整备试点探索的开始,特征表现为以房屋征收为主试点探索"整村统筹",并取消行政强拆。

3. 存量为主时代

2012年,深圳市成立土地整备局,全市进入存量为主时代。2015年,《土地整备利益统筹试点项目管理办法(试行)》(深规土〔2015〕721号)出台,深圳市开始全面推进土地整备,主要特征包括:出台土地整备利益统筹政策;制定征收基准价格;构建"房屋征收+利益统筹"政策体系。同年,深圳市还成立了城市更新局,并于2016年出台了《深圳市人民政府关于施行城市更新工作改革的决定》(深圳市人民政府令第288号),标志着城市更新进入提质增效阶段,特征包括:"强区放权",完善更新政策;多种更新方式并举;加强政府的引导作用;重视保留城中村和产业空间。

5.1.2 深圳城市更新与轨道交通建设的必然联系

深圳城市土地开发建设活动呈现向TOD区域集聚的趋势,从具体实施路径看,城市更新在数量上占绝对优势,但项目规模整体偏小。深圳市已建成的16条轨道线路站点周边500m范围内涉及土地整备项目172个,占所有土地整备项目约41%;涉及城市更新项目551个,占所有城市更新项目约58%。

轨道站点周边开发以城市更新为主,城市更新项目平均规模约5hm^2。轨道站点周边开发以城市更新为主,11个轨道站点周边共有更新项目40个,项目平均规模约5hm^2;共有土地整备项目20个,项目平均规模约14.5hm^2。

5.1.3 深圳轨道交通前期咨询服务行业的契机

深圳是一个极具创新与活力的城市,在轨道交通行业蓬勃建设的过程中,自然也诞生了许多行业创新机遇。其中,深圳轨道交通前期咨询与服务公司就是依托深圳轨道交通建设发展红利而诞生的创新型服务行业。通常,政府部门、轨道交通建设单位、房地产开发企业将这类型公司笼统地称为"前期服务商"或"前期服务公司",其多以民营企业为主,主要聚焦于城市更新、土地整备、棚户区改造、综合整治等不同类型的项目。

截至2023年,深圳市已累计公布约500项土地整备和城市更新单元计划备案项目,这些计划正式立项意味着项目自身已获得政府批复。而深圳原特区内轨道交通枢纽站点500m范围内用地现状功能以交通建设用地和公共管理与公共服务用地为主,其次是商业服务业用地和住宅用地。深圳原特区外轨道交通枢纽站点500m范围内用地现状功能以交通建设用地为主,其次是公共管理与公共服务用地、产业用地和商业服务业用地(图5-1)。

原特区内轨道交通枢纽站点500~1000m范围内用地现状功能表现为交通建设用

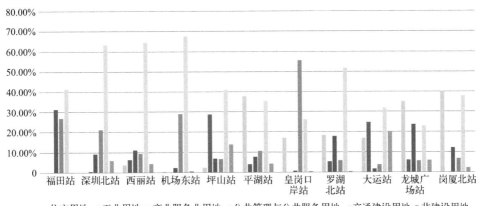

图 5-1 轨道交通枢纽站点 500m 范围内土地利用功能现状

地、公共管理与公共服务用地、住宅用地和商业服务业用地占比较为均衡。原特区外轨道交通枢纽站点 500~1000m 范围内用地现状功能以产业用地占比较高。相比轨道交通枢纽站点周边 500m 范围内土地利用结构，深圳市轨道交通枢纽站点周边 500~1000m 范围内住宅用地比例明显增加，其次是商业服务业用地（图 5-2）。

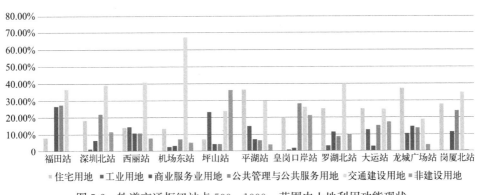

图 5-2 轨道交通枢纽站点 500~1000m 范围内土地利用功能现状

这些用地类型与深圳地铁规划建设之间存在许多可以挖掘开发潜力的用地，这些潜力用地的二次开发利用完全符合国家和深圳国土空间规划要求，符合"建地铁就是建城市"的 TOD 典范要求。通过地铁建设整理这些碎片化用地，加快推动土地整备和城市更新项目落地，也符合房地开发商的意愿。这些"黄金交叉点"存在巨大市场服务需求，因此，无论是政府、房地产开发商，还是地铁公司，他们都在推动项目实施过程中，存在同相关专业的可行性论证、工程建设节点协同、商业利益平衡等问题。鉴于以上原因，具有轨道交通建设与规划专业能力的"前期服务商"通常就更加具备获得这些契机的能力，这种类型的项目前期工作内容通常涵盖以下几方面：轨道交通拆迁范围论证、线站位可行性论证、房地产开发接驳地铁站点连接通道可行性论证、商业开发接驳站点周边客流分析、周边用地开发与轨道站点及区间工程安全评估、车站与商业连通道解决方案、城市更新相关 TOD 一体化改造专项规划论证、上盖物业开发 EPC 代建工程论证等轨道交通相关的综合类业务。

5.2 轨道交通前期咨询服务行业的困境

5.2.1 分析项目痛点，探索市场商业契机

深圳轨道交通建设是线性工程，在整个建设过程中涉及征拆、管道改迁、安置补偿等大量前期基础工作，笔者通过大量调研深圳轨道交通站点周边开发用地情况，通过访谈政府相关审批部门、房地产开发企业、地铁公司相关人员，发现轨道交通建设及周边用地现状普遍存在以下几点问题：

1. 土地低效利用

轨道站点周边现状开发强度整体偏高，但局部站点存在低效利用。分析轨道交通 500m、1000m 范围内开发强度，大多数线路用地容积率差异不大，且均质分布在 4~7，站点周边整体开发强度较高；部分站点存在低效利用：500m 范围内用地平均容积率低于 2.5 的站点个数有 18 个（图 5-3），500~1000m 范围内用地平均容积率低于 2.5 的站点个数有 11 个（图 5-4）。

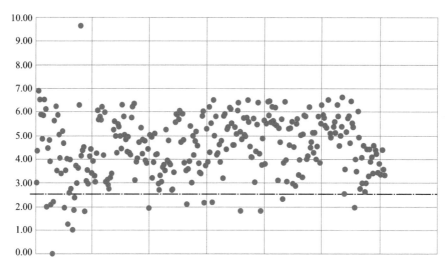

图 5-3 轨道站点 500m 范围内用地容积率散点图

2. 审批问题

轨道交通规划与存量开发用地规划审批体系及审批内容衔接不足，缺乏统筹规划。先有规划后有建设，站点周边土地功能结构复合度不高，不利于价值提升。部分站点周边规划功能错配，车站 500m 范围内主要以工业、绿地等低价值用地为主（图 5-5）。

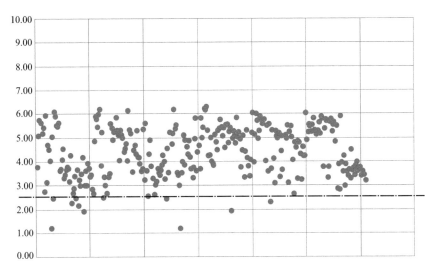

图 5-4 轨道站点 500～1000m 范围内用地容积率散点图

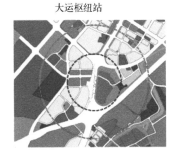
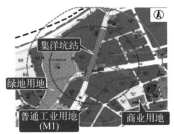

| 大运枢纽站 | 坪山枢纽站 | 罗湖北站 |

车站500m范围内现状主要以居住、商业和工业用地为主，各功能分布相对均衡

目前站位所在区域均已开发，车站周边500m范围内用地性质主要有：文体设施用地、行政管理用地、普通工业用地、绿地用地等

车站500m范围内主要以居住、工业用地为主，兼有少量学校教育用地。根据现场情况分析，站点周边基本实现规划

图 5-5 部分站点周边规划功能

3. 实操路径单一

轨道建设工程用地及融资地块落实依赖周边更新整备项目实施进度，权属复杂、项目零碎开发、实施主体众多，且一、二级开发分离导致项目实施周期长，土地收储难，有悖于地铁沿线紧迫的建设周期要求。政府先收储再出让，因受出让制度限制，融资地块必须招拍挂出让，影响融资地块兑现效率，进而影响轨道建设进度。

4. 收益分配缺失

研究显示，轨道交通的规划和建设能带来沿线的土地租金和价值的明显提升。轨道建设的受益对象主要是沿线的业主及沿线的开发企业。增量时代，政府通过轨道沿线土地招拍挂出让获取高额地价收入和税收，实现增值收益捕获。存量时代，开发项目范围内经营性用地大部分用地出让给市场主体/社区，市场主体/社区既能享受高容积率又能享受优惠地价。因轨道建设带来的土地增值及高强度开发产生的溢价，主要被市场主体获取，政府只有投入无直接收益。

5.2.2 功能不完善，缺乏整体空间设计

一是主体分离，轨道建设由地铁集团主导，周边开发建设由各大开发企业主导；二是空间割裂，轨道站点周边用地被多家权利主体零碎切割，各利益按项目单独核算，公共空间设计全局观和大局意识不足。导致政府统筹导控能力被削弱，公共空间落实难、人性化设计不足。各更新单元独立规划，导致商业服务、居住、公共服务设施等功能布局均质、分散，没有形成以枢纽为核心的集聚中心区的功能结构；公共服务、商业服务、绿地规模较小。各项目相互独立，独立规划、独立设计，导致公共空间布局分散。其中，城市更新以经营性空间改造为主，项目在数量上占绝对优势，但规模小、政府收储用地少；轨道交通中枢地区以非经营性用地为主的功能定位、土地利用特点等更适合土地整备模式，但需对部分机制、流程进行优化。深圳市在已建成区与轨道交通建设工程的征地拆迁主要有两种实施路径：土地整备、城市更新，这两种路径虽然实施主体和利益分配不同，但实施流程和机制基本相同（图5-6）。根据研究显示，近年来轨道交通沿线的征地拆迁工作通常由政府主导，按相关的政策法律要求，遴选专业的"前期服务商"，由其负责配合政府或地铁公司共同推动轨道建设及融资地块的拆除、收储入库工作。

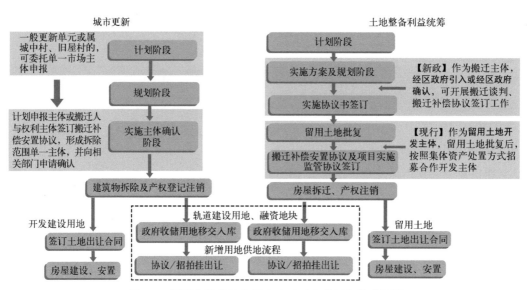

图 5-6　深圳市轨道站点周边地区开发现行实施路径图

不难看出，随着深圳市轨道交通的规划和建设，开发成为解决轨道建设用地的主要路径，市场主导的土地开发建设活动也呈现出向轨道站点周边集聚的趋势。存量时代，轨道枢纽地区的开发是城市建成区再开发的重要手段，也是多重权利主体博弈的新战场。

5.3 轨道交通前期咨询服务行业的探索

笔者走访调研发现，深圳轨道交通前期咨询服务公司业务以深圳市轨道交通建设为主线，以城市更新、利益统筹、老旧小区改造等项目为抓手，重点在于协同项目时序，统筹社会网络资源，协调解决与轨道交通建设相关的专业问题。这些"前期服务商"主要依靠深圳轨道交通建设期与房地产发展期的红利，是轨道交通工程咨询行业中诞生的具有"深圳特色"的行业新秀。2000年至今，深圳较为有名的房地产类的"前期服务商"有华润置地、招商蛇口、万科地产、京基地产、卓越地产、鸿荣源地产、宏发地产、佳兆业等，典型代表项目有罗湖蔡屋围万象城、罗湖京基100、福田卓越中心、福田华强北商圈、福田深业上城、南山益田假日广场、南山海岸城、太古里、宝安壹方城等。以政府主导，"土地整备＋城市更新"两种实施方式结合也涌现大量极具代表性的轨道交通枢纽综合体项目，如坪山沙田停车场利益统筹项目、龙岗大运枢纽综合开发项目、龙岗平湖枢纽综合开发项目、光明区公明车辆段综合开发项目、前海车辆段综合开发项目等。以地铁公司为主导，保障性住房建设项目也很具有代表性，如横岗车辆段保障性住房项目、松岗车辆段保障性住房项目、长圳车辆段保障性住房项目等。

这些轨道交通相关的城市超级综合体的落成在征拆、规划、建设过程中，都一直有"前期服务商"共同推动参与，他们往往贯穿项目全过程，却未在项目落成后受到表彰。这是因为，许多国有企业管理者认为轨道交通建设是民生工程，是政府投资项目，而许多前期工作更多只是统筹协调社会网络关系、调配社会资源、统筹各专业部门工作节点衔接，"前期服务商"的工作实质对轨道交通技术、地铁运营、商业经营并不具备长效影响。政府部门则普遍认为房地产开发企业或设计院组建的"前期服务商"更多只是点对点的单一服务项目，具有一定利益驱动性，他们并不能完全形成专业的、系统的、持续的项目管理能力。因此，"前期服务商"迄今在深圳并没有专门的行业协会。

5.3.1 组织与管理的探索

根据笔者走访调研，"前期服务商"在项目前期，聚焦于深圳轨道交通沿线站点的土地开发资源，主要以"轻资产运营"或"轻资产＋部分重资产"的模式，通常会整合房地产开发企业、金融机构，长期租赁或收购大型工业厂房、小产权房、老旧小区等物业，并逐步组团成既有老旧小区的"大业主"，"前期服务商"会通过扩大物业主导权的影响力，逐步开展城市更新或土地整备的前期服务商工作。

笔者研究发现，这类服务商的团队核心成员往往具备以下四方面的专业能力：①具备熟悉深圳土地与规划政策及审批流程，熟悉资产评估的专业能力；②具备实操地铁沿线的项目建设及上盖物业经验,熟悉地铁建设工程管理流程;③具备实操深圳房地产城市更新项目开发经验,以及房地产一级阶段项目的收并购和投融资经验;④具备与政府部门、轨道交通行业部门的专业沟通协调能力。这些"前期服务商"服务对象主要是政府部门、企业,更多的还是基层被征拆用户。

因此,"前期服务商"服务的项目类别多、对象背景不一、专业性强、服务周期较长,存在资金回款节点的管理、法律风险管控等问题。笔者调研发现,这类服务商往往还会成立专家顾问团队及法律团队,如访谈对象Z公司就专门聘用具有地铁建设专业背景的技术专家顾问,这些专家普遍具备丰富的轨道交通建设管理经验,又或参与过获得"鲁班奖""詹天佑奖""优秀国土空间规划奖"等代表性奖项的项目。通过专业的指导,这些"前期服务商",尤其是具有房地产开发背景的"前期服务商"更能敏锐捕获各专业路径中的"信息差",从而发现商业契机。一般具有一定资金能力的房地产开发企业则会组建自己的研究团队,重点研究轨道交通线网规划、土地利用、城市空间规划、工程建设,以及上盖物业开发项目设计、建造、成本管理等相关"信息资源",对于这些政策法规、标准规范、审批流程、资金管控要求,"前期服务商"往往比业主单位更敏感、更有预判。另外,笔者还发现"前期服务商"不仅做信息和数据分析,还非常善于研究政策法规。这是由于其经常会涉足征地拆迁一线,与征拆政策和征拆利益主体打交道,因此公司组织管理架构中,通常会有一些具有专业能力的资深律师,如笔者走访的Z公司就会聘用专业法律顾问,法律顾问必须具备5年以上从业经历,熟悉《中华人民共和国土地管理法》《国有土地上房屋征收与补偿条例》等城市更新、土地整备领域法律法规,对项目收并购具有丰富的法务经验,并具有一定的社会网络资源的协调能力等。

如轨道交通建设过程中涉及征拆体量较大的项主体项目,"前期服务商"往往会依托某房地产公司作为平台公司,并与其共同成立项目公司,项目公司组织管理架构及职能一般表现形式如图5-7所示,主要目的是服务于某些房地产项目的城市更新项目或土地整备项目。

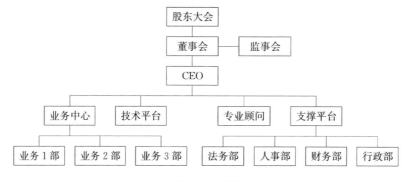

图5-7 项目公司组织架构图

项目公司一般主要划分为四个部门:业务中心、技术平台、专业顾问、支撑平台。主要负责:①规划研究,整理筛选项目库,搜集项目基础信息情况和全方位规划情况,开展土地政策研究，出具规划方案研究报告；②政策研究，开展政策的解读判断，涉及轨道交通规划、建设、施工工序、连接通道方案、客流分析等；③评估研究，主要进行经济研判，出具项目经济可研性研究报告；专业顾问、支撑平台主要负责潜力地块合作模式、物业价值投资、地铁上盖物业合资模式的研究，以及资产评估、征地拆迁方案研判等。④法律顾问主要负责业务合同、谈判、法律援助等。业务中心主要负责项目拓展。

不难看出这类"前期服务商"的顶层设计上都是依托与轨道交通相关的房地产开发、城市更新、土地整备、价值投资等业务展开。当然这些"前期服务商"的行业资质各不相同，有些是具有市政类项目的设计、评估资质，有些是具有市政类施工资质，有些是具有某些房地产公司的暂定开发资质，很大一部分则只有咨询经营许可，所以这些"前期服务商"往往很难符合政府重大项目供应商遴选条件，这或许也是"前期服务商"一直无法在咨询行业中被重视的原因之一。

5.3.2 经营模式探索

受政府对房地产调控政策影响，许多房地产开发项目周期拉长，房地产开发商开始面临资金紧张、融资困难等行业"滑坡效应"。那么，"前期服务商"是如何应对的？笔者走访调研，发现能够继续生存的公司往往具备以下几个特点：

1. "轻资产运营"或"轻资产运营＋部分重资产投资"，如W公司在资金较为充沛的情况下，股东不分红，充分利用房价下跌的周期性行情，运用公司自有资金锚定收购深圳地铁建设期沿线优质且价格较低的物业或土地。

2. 减员降薪，减少办公场地租赁及公司日常支出。

3. 梳理法律风险，对具备结款条件的项目，加快资金回笼；对不具备结款条件的项目，迅速终止咨询服务关系。

不难看出，"前期服务商"对公司业务拓展和发展方向非常明确且清晰，其经营模式通常表现如图5-8所示。

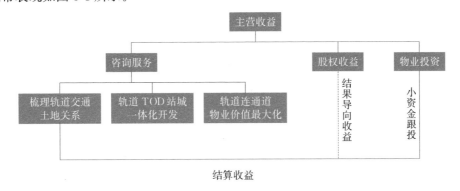

图5-8　经营模式（轻资产＋部分重资产）

在经营业务范围上，"前期服务商"会明确锚定用户需求，按专业精细化分工，将技术力量全部聚焦到解决项目"痛点"的咨询服务，完全立足于从一个房地产开发项目前期、中期、末期三个阶段，聚焦开发商亟须解决的开发用地与轨道交通站点或轨道区间用地的统筹与协调问题。经调研，深圳轨道交通工程综合咨询与服务公司的经营服务业务内容如图5-9～图5-11所示。

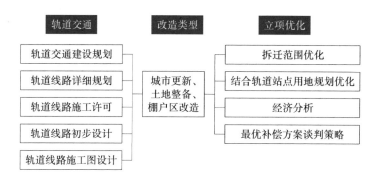

图 5-9　业务模块一：项目前期工作阶段

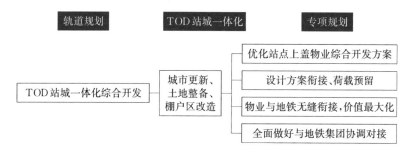

图 5-10　业务模块二：项目二期开发阶段

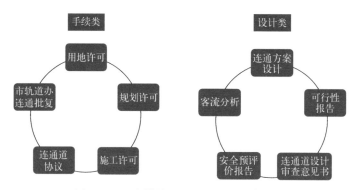

图 5-11　业务模块三：项目报批报建阶段

不难发现，轨道交通行业的"前期服务商"业务是一个专业壁垒极高、专业人才极其稀缺的行业。这种类型的"前期服务商"将规划国土专业、轨道交通建设专业和房地产开发专业三方面人才聚在一起，将政策、用地和地铁三方面的资源整合，业务定位在"专业衔接、专业缝补、专业研判、专业投资"的综合服务。这种做法在全国交通工程咨询与服务行业中是极其罕见的，而这种类型的咨询公司无疑也是民营企业的一次大胆的创新与尝试。

5.4 实践典型案例

5.4.1 项目一：平湖枢纽

平湖枢纽是集国铁、城际、城市轨道于一体（广深铁路，深惠城际，地铁 10 号线、17 号线、18 号线）的中北部重要区域综合型枢纽，也是未来平湖乃至周边区域的活力中心，是平湖、坂田联动发展的重要支撑，将承担未来市级重要的产业服务中心功能。结合地铁 10 号线征拆工作，推进平湖枢纽建设，2018 年 1 月将平湖旧墟镇片区列入全市重点更新单元（图 5-12），由 H 民营投资公司作为"前期服务商"，通过城市更新路径对平湖枢纽地区进行二次开发，标志着平湖枢纽进入实质性建设阶段。

平湖旧墟镇重点单元规划方案以"枢纽新城、活力中心"为目标，作为深圳首个以公共交通为导向开发的城市更新项目，将建设成为集写字楼、购物中心、高端住宅、交通枢纽站于一体的大型城市综合体（图 5-13）。更新单元用地面积约 21 万 m^2，拆除范

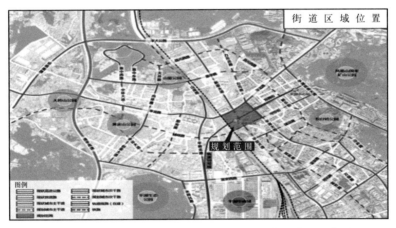

图 5-12 平湖旧墟镇片区重点城市更新单元实施范围示意图

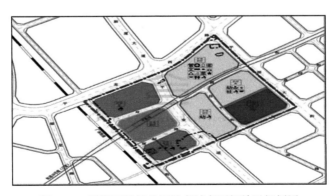

图 5-13 平湖旧墟镇片区重点城市更新单元规划图

围用地面积约 20 万 m²，开发建设用地面积约 10 万 m²，按照城市更新办法及实施细则一并出让给项目实施主体。

5.4.2 项目二：大运枢纽

大运枢纽龙岗区项目位于地理位置占据优势的粤港澳大湾区东部核心区域，承接着"东进战略"的重任，当地政府的目标是打造以创新为主要城市特质、具备国际化特色的深圳东部经济中心，创造全市未来现代化发展的战略布局态势。深圳龙岗区大运新城大运枢纽片区，用地面积约 270hm²，规划总投资约 1300 亿元。大运枢纽包括轨道交通 3 号线、14 号线、16 号线以及远期 33 号线，日均客流量高达 43.4 万人次，是深圳东部经济中心集城际、快线、普线于一体的市级区域性枢纽。为深入实施"东进战略"，龙岗区提出高标准打造东部经济中心及其核心区，建好"城市新客厅"。

在拆迁中，大运枢纽片区项目的土地权呈现被多家权利主体共同分别拥有的格局，相互分割，空间综合再开发的协调成本偏高，导致过去土地开发收储模式价值链无法复制，土地增值红利由市场主导进行分配的机制失调，空间分离破碎。最终，大运枢纽在规划方案上采取"权利主体利益统筹"，优先将土地权属梳理并结合更新路径方案比选的方式，通过对"建设指标的腾挪置换"的统筹协调，实现多方共赢的结果。在规划上，对大运枢纽站项目规划半径 500m 范围内的两块用地进行协调，改变用地性质，提高建筑物的容积率。将原商业和居住类混合用地调整为商业用地，根据"预先规划、高密度开发、生态客厅、可达性、步行友好"五个原则进行项目的总体规划，依托深圳城市核，在地面下、地面、地面上形成一体的三维转换空间，以保障大运枢纽站项目半径 500m 之内的商业办公用地比率超过 50%，并拥有一定的公共设施用地，获得了以大运枢纽站项目为中心的 TOD 站城一体开发成果（图 5-14、图 5-15），实现了社会价值的最大化。

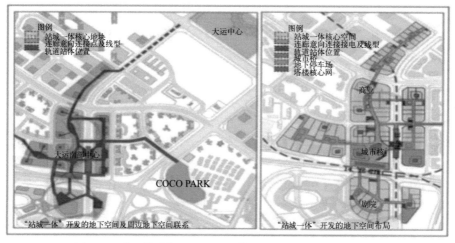

图 5-14 大运轨道枢纽"站城一体"开发的城市核空间结构

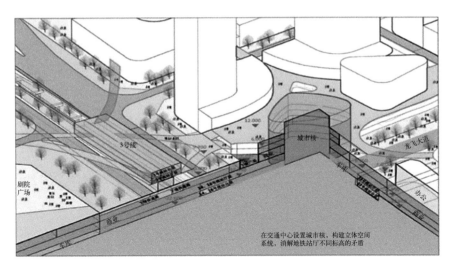

图 5-15　大运轨道枢纽"站城一体"开发的地下空间

5.4.3　项目三：南湾中部片区土地整备利益统筹（站城一体化）

南湾中部片区位于深圳市龙岗区南湾街道，地处水官高速（东西向）、丹平快速路（南北向）交汇处，形成"十"字形高快速路网。片区位于轨道交通3号线、14号线、17号线相交区域，形成"三地铁＋双换乘"轨道网。南湾中部片区二次开发实施路径为土地整备，由H民营投资公司作为"前期服务商"。实施范围由23个地块组成，面积约46万 m^2，通过两种路径实施。其中，地块1至地块12通过土地整备利益统筹实施，土地整备利益统筹范围面积约30万 m^2；地块13至地块23通过传统土地整备实施，传统土地整备范围面积合计15.9万 m^2（图5-16）。

南湾中部片区在新一轮城市总体规划中为都市核心区，在区重点区域中承担云创小镇总部、生活服务功能，在街道总体规划中定位为综合服务中心。依托地铁交通枢纽，规划形成"两核、两轴、四片区"的空间结构。"两核"即依托地铁交通枢纽打造商业商务于一体的商业商务服务核心，依托文化活动中心、养老院等公共服务设施打造公共配套服务核心；"两轴"即依托轨道交通14号线，沿盛宝路打造综合发展轴，依托"L"形城市公园，连接各个功能板块，打造公共文化活力轴；"四片区"即公共配套区、品质居住区、高端商业区、休闲生态区。

通过轨道交通建设契机，南湾项目实施土地整备后政府收回约25hm^2 土地（图5-17），而深圳市丹竹头股份合作公司从过去集体物业价值较低、产权不完整，转为集体资产自有商住物业总量增加，物业档次、价值将得到全面的提升。同时区域内的公共服务设施配套和路网规划建设得到一定程度的改善，有利于促进股份公司的经济发展及转型。"前期服务商"也在此获得一定的与村集体留用土地合作开发权的契机，完成了配合政

图 5-16 南湾中部片区土地整备利益统筹项目实施范围示意图

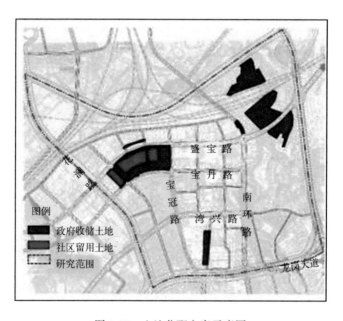

图 5-17 土地分配方案示意图

府收储土地、推动地铁建设征地拆迁的工作。

5.4.4 实践结果

总的来说，类似上述的有"前期服务商"参与的典型案例还有许多，如地铁13号线公明车辆段、南山西丽交通枢纽、坪山沙田车辆段、福田岗厦北、地铁22号线香蜜湖站等。在轨道交通建设与推动城市更新、土地整备的过程中，这些"前期服务商"是有组织、有规模、有资金、有专业、有管理的团队，能够充分整合社会网络资源，调动自身优势，敏锐地捕捉车站站点或交通枢纽周边土地二次开发的商业契机，具备一定的推动服务能力，已逐渐形成专业的组织或机构，共同参与并解决轨道工程建设用地的问题。无论是政府主导还是市场主导的轨道交通沿线土地二次开发建设活动，都呈现出向轨道交通枢纽站点及其周边集聚的趋势。轨道站点周边用地的二次开发，必须符合TOD特征的规划管控要求，项目征拆过程中，上述项目一和项目三都是通过引入"前期服务商"，采用"城市更新＋土地整备"的实施方式，项目二则充分发挥土地整备的引导优势，在TOD范围划定、规划管控、功能设计等都作了详细统筹。而以上典型案例都体现了深圳未来在轨道交通建设的沿线站点、车辆段、枢纽等用地综合开发的操作趋势——区分一、二级（图5-18）。土地的一级开发一般由政府主导明确改造条件，可能招引"前期服务商"进行申报、拆迁等工作。土地二级开发阶段则招引"前期服务商"作为实施主体协助政府共同完成土地收储，最后通过土地招拍挂或定向出让土地。

深圳轨道交通周边二次开发用地规划可行性论证，科学引入"前期服务商"土地价值评估、测绘等内容，均符合深圳轨道交通前期咨询服务主营服务范围，同时参与前期项目评估无形中也为深圳轨道交通前期咨询服务提供投资契机。研究发现轨道交通站点及沿线土地二次开发也必然带来土地和物业价值增值，形成土地增值生成机制，即在土地开发利用过程中或交易过程中发生的土地和物业价格的攀升（图5-19）。

在这些重大项目推动与实施过程中，深圳轨道交通前期咨询与服务的探索与实践，体现出深圳轨道交通前期咨询与服务行业需要具备创新警觉性和创新机会识别的能力，需要在政府政策引导、轨道交通建设契机及市场开发主体诉求等三方关系中，找到商业契机。深圳轨道交通前期咨询服务通过整合项目信息、发挥专业优势、撬动社会网络资源等方式，逐步将公司主营业务深入项目探索与实践中。

在"一带一路"倡议等政策背景下，结合深圳轨道交通前期咨询与服务的探索与实践，再研究其他城市轨道交通沿线物业开发业态及资产价值趋势，尽可能将在深圳的咨询服务经验复制出去，争取在其他城市寻求合作伙伴，共同推动民营企业在轨道交通前期咨询服务行业的进步和发展。

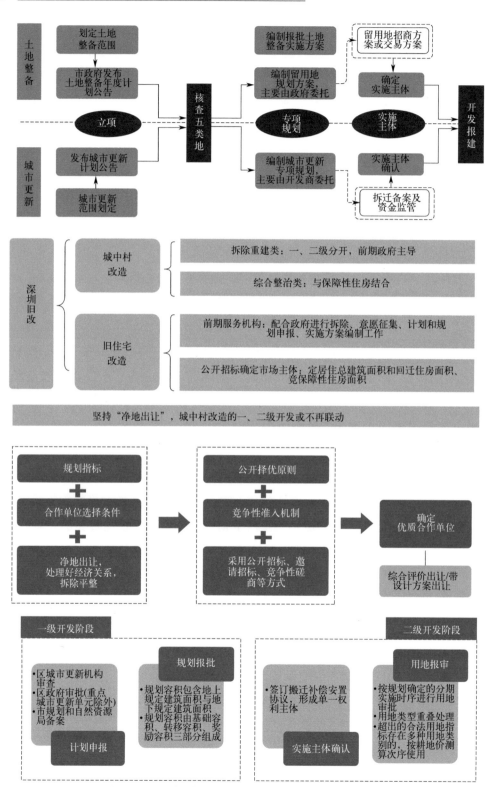

图 5-18 深圳轨道站点周边用地二次开发主要实施模式

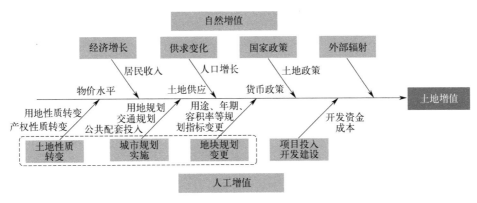

图 5-19　土地增值收益形成机制图

5.5　行业发展趋势

本章对深圳轨道交通前期咨询服务行业发展历程及现状进行了梳理，不难看出利用深圳轨道交通建设发展和城市建设发展的时代契机，深圳已形成一批优秀的"前期服务商"，其善于通过"整合资源+专业技术"逐步锚定市场目标，采取"轻资产""轻资产+部分重资产"的经营模式，已逐渐摸索出其极具特色的商业生存之道。不足之处是，这些"前期服务商"在轨道交通行业的影响力不足，无牵头行业协会，无明确的行业指导措施与管理架构，且容易受到房地产企业项目周期性牵制。目前，"前期服务商"咨询服务成功案例基数不足，也造成其还不完全具备进入大型的政府投资项目开展咨询与服务工作的能力。根据笔者访谈，因受到房地产周期调整的缘故，目前大部分"前期服务商"多涉足于资金规模较小且服务周期较短的政府服务项目。类似设计院、房地产开发企业的"前期服务商"的经营方式也发生了调整，正在积极向国企、央企这些头部企业的业务靠拢，寻求更加稳定的现金收益。在团队建设上，其乐于聘用专业对口的高校毕业大学生，培养符合公司业务模块的核心专业复合型人才。

近年，深圳房地产市场呈现周期性调整，许多"前期服务商"受到不同程度影响，如 J 公司在"前期服务商"中的经营模式偏重资产型，其涉及轨道交通专业的研判能力较弱，受到市场冲击后就面临着巨大的现金流压力。但笔者以为，深圳作为中国经济特区的行政主导地位依旧存在，城市发展与轨道交通建设之间"土地存量"矛盾依旧存在，因此，政府行业部门应基于一定政策支持，加强行业规范引导。特别是具备轨道交通专业能力，具备 TOD 一体化开发经验，具备城市更新、土地整备、老旧小区改造经验等的具有综合专业能力的"前期服务商"，随着项目经验沉淀，必然可以形成专业壁垒强、可持续输出型的行业新秀。

第 6 章 研究方法设计

案例研究作为一种常见的实证研究方法，在各个学科领域应用广泛。案例研究通常用于研究特定的个体、组织或事件，通过对具体个案的深入观察和分析，了解其内部运作和外部影响，寻求问题的解决方案或发现新的现象。本文选择具有轨道交通前期咨询服务经验的代表企业作为案例研究对象，通过访谈，项目资料、会议纪要、政策文件等文本分析的方法收集案例数据和信息，包括各企业简介、企业架构、项目研究报告、专案报告，进行"前期服务商"访谈、政府审批部门访谈、轨道交通行业设计单位高管访谈等，并对收集的访谈数据进行分类、编码和分析，以识别案例中的关键因素、关系和模式，根据数据分析结果，形成轨道交通前期咨询服务企业——"前期服务商"在咨询行业中需求创新成功的实施路径。

6.1 案例选择

在经济全球化和我国经济转型的双重背景下，企业所处的市场和行业环境日趋不确定，面临的竞争也愈加激烈。"前期服务商"通常由具有轨道交通工程建设经验、政府工作经验、法律经验、TOD建设经验等的不同部门的专业人员组成，这种跨部门的团队组成在咨询服务行业中较为独特与罕见，且其运营模式也与传统咨询服务类行业不同，选择轨道交通工程相关的"前期服务商"作为研究对象，可以探索这个领域的商业模式和发展趋势。该类型企业与政府、其他企业和个人等多个利益相关者建立了良好的合作关系，这种合作关系的建立对于公司的发展和项目的成功至关重要，研究这类企业内部组织与管理的特性，研究其如何有效地管理和协调跨部门团队，以及如何利用各领域的专业知识和经验，发掘商业契机并最终获得成功，对其他公司或行业的团队管理和协作具有启示作用。

除了轨道交通前期咨询服务在行业内的独特性外，选取该类企业还有一个很重要的原因是数据的可获得性。笔者是相关企业的高管，且与其他同类企业有着良好的社会关系，可以更容易地获取典型案例企业的内部经营数据、员工结构等信息，这些一手数据可以为研究提供更加可靠和准确的数据支持。此外，在访谈方面具有较大的便利性，可

第6章 研究方法设计

以直接与各案例"前期服务商"进行交流,了解其想法、意见和建议,从而获得更加全面和深入的补充数据,以更好地验证研究结果的有效性。

总的来说,选择轨道交通前期咨询服务企业的"前期服务商"作为研究案例,一是因为其在行业内具有典型代表性和独特性,二是因为研究者作为企业管理者,在数据的获取方面具有较大的优势,因此企业案例情况成果可以较好地支撑本研究结果。

6.2 数据收集

本研究数据收集的类型包括深圳轨道交通前期咨询服务基本资料和重要人士访谈资料等一手信息和二手信息。根据本研究目的,采取目的性抽样的策略选择典型资料,目的性抽样旨在选取能够提供和研究目的相关的丰富信息的"前期服务商",这样研究者不是在实地调查每一个"前期服务商",而是寻找重要信息提供者,选择的是研究对象中具有一定"代表性"的资料。

在基本资料方面,围绕本研究目的,选择深圳轨道交通前期咨询服务基本资料作为分析对象,包括专案报告,轨道交通站点周边用地二次开发研究报告,商业资料,项目问卷资料。基本资料共计10余万字,具体情况如表6-1所示。

深圳轨道交通前期咨询服务研究资料基本情况　　　　　　　　　表6-1

资料类型	资料名称
商业资料	3~5家综合咨询服务公司商业分析介绍
	3家综合咨询服务公司组织架构
	3家房地产前期公司财务经营情况说明书
	3家房地产前期公司经营数据
	2家类设计院公司轨道交通工程建设信息化建设方案
专案报告	2家类设计院公司轨道交通前期咨询服务商业分析报告
研究报告	《轨道交通当前典型案例经济测算分析报告》
	《轨道交通二次开发实施路径及模式研究》
	《轨道交通重点潜力片区二次开发前期规划研究报告》
	《轨道交通二次开发案例梳理与经验总结》
项目问卷资料	业主问卷
	企业问卷
	政府问卷
	金融机构问卷

在访谈资料方面,访谈对象的选择围绕案例企业高管、政府审批部门、地铁公司高管、房地产企业高管等社会网范围展开,包括构建关系和给予帮助、给予建议、提供资金、为创建企业提供实质协助的重要人士,共计访谈10人,单个访谈时间均在40min

以上，访谈内容整理成文本共计25余万字，信息处理过程中，对所有受访者均进行了匿名化处理，部分受访者信息大致情况如表6-2所示。

受访者基本情况统计表（$N=10$） 表6-2

序号	受访者	学历	公司类型	行业角色	是否相关行业
1	D先生	博士	房地产公司	前期服务商	是
2	D先生	硕士	咨询公司	CEO	是
3	L先生	博士	金融服务机构	前期服务商	是
4	Y女士	博士	咨询公司	CEO	是
5	Z女士	硕士	政府研究机构	行政审批	是
6	H先生	硕士	咨询公司	前期服务商	是
7	C先生	硕士	房地产公司	CEO	是
8	L先生	博士	政府研究机构	行政审批	是
9	G女士	博士	政府研究机构	政策制定	是
10	R先生	硕士	房地产公司	前期服务商	是

与传统的量化研究方法不同，深度访谈更加注重访谈的质量，而不是数量。在本研究的深度访谈中，研究者与研究对象有非常良好的关系，采用灵活机动的非随机抽样方法进行深度访谈，可以更好地了解研究对象的感受和看法，从而更好地探究研究问题，提高研究的有效性和可信度。

6.3 数据编码

6.3.1 开放式编码

开放式编码也叫一级编码，即对资料的初次编码。开放式编码是指研究者对收集到的文本、图像、视频等资料进行初步分析和归纳，将其转化为有意义的代码或标签的过程。这些代码或标签可以是词语、短语、句子、主题、概念等，它们代表了资料中所包含的重要信息和主题。在开放式编码过程中，研究者以开放的心态反复阅读和理解原始资料，尽量"悬置"个人的"偏见"和研究界的"定见"，在资料中寻找与研究问题相关联的和有意义的内容，然后用特定的符号对其进行标识，并将统一标识的内容聚类到一起。开放式编码的最终目的是将大量的原始资料转化为更加简洁、明确和有组织的形式，以便后续的分析和解释。

在本文的开放式编码过程中，首先在原始资料中寻找重要的词句，在各种类型的资料中寻找重要的事件，并根据自己的专业知识对原始资料进行归类整理。通过开放式编码，共产生500多条原始语句，113个概念。部分开放式编码如表6-3所示，由于篇幅限制，仅对开放式编码进行列举。

开放式编码

表 6-3

范畴	概念化	原始语句
A1 先验知识	a1 有相关经验	因为对任何事情的判断,可能只有经历过才能够选定这个对或不对
	a2 有专业知识	首先就是作为"前期服务商",本身具备轨道交通行业的专业知识
	a3 对行业了解	轨道整个行业大部分是做设计类、规划、工程咨询、监理等,也就是术业有专攻,但轨道交通工程综合类咨询服务的专业公司私营市场上并没有
A2 挖掘信息差	a4 渠道信息差	信息获取渠道较少,很多信息都是内部渠道获悉
	a5 价格信息差	就比如,在中国香港买卖房屋或者拆迁房屋,都是要找个地产经纪人去评估房屋价值,厘清法律关系等。而在中国内地,许多地方房屋价值评估、房屋拆迁评估都是政府或者企业来主导,但事实上,是需要找个经纪,站在自己个人利益的角度上去考虑问题,争取权益
	a6 项目建设时序信息差	TOD特殊范围内城市更新和土地整备项目计划需由各区政府统筹,结合轨道建设时序、片区规划定位、地铁集团诉求等,明确项目实施路径、实施范围、前期服务主体等内容后统一申报
	a7 政策执行信息差	从还没有开始做地铁规划的时候,就意识到应该在政策上去论证这个用地关系,把用地价值扩大,然后在跟政府沟通过程中,表达地铁公司现在的发展现状和除地铁公司以外其他企业和其他业主的一些需求
A3 对利润空间敏感	a8 对权利主体相关利益敏感	通过划定TOD特殊地区,授予地铁集团作为主体权限,由地铁集团开展TOD综合开发,通过规划、土地的政策"组合拳",实现开发收益反哺轨道建设,以最小成本实现政府、企业、公众各方利益最大化
	a9 长期回报	要求企业能长期持有物业,并能长效经营,租金收益慢慢反哺
	a10 短期回报	利用市场资本金投资地铁沿线优质被拆迁物业、获取地铁连通道工程、提供专业的轨道交通工程咨询服务等,在短期收益上似乎可行
	a11 建设资金	建设资金需通过深圳地铁集公司大规模自筹,深圳地铁公司在站点启动建设时将承受巨大的资金压力
	a12 轨道沿线物业价值	分析深圳整个房地产的行业和物业增值规律,按照国际惯例,轨道站点沿线物业往往增值都会比较好,尤其是租金递增更稳定
	a13 深圳房屋价值	在大湾区的核心中心区,深圳住宅一直备受投资者青睐,房屋供应量不足,住宅价格年年攀升,近年来受到国家宏观调控政策,深圳的房价趋于平稳,租金逐年攀升
	a14 深圳城市的地价	一般来说,政府通过改良土地,待土地增值后以较高价格卖给私人业主,将"生地"变成"熟地",导控城市开发,同时获得的收益可用于改善民生,深圳的土地资源少,地价逐年递增
A4 对相关政策敏感	a15 城市更新政策	从城市发展的政策来看,是极大地鼓励轨道交通引导周边地块的发展,对提升周边的容积率等,是做了一些明文规定的
	a16 深圳轨道政策	《深圳市城市轨道交通近期建设规划(2011—2016)》于2011年4月获国家发展改革委批复,规划于2011年至2016年期间建设深圳市轨道交通三期工程
	a17 国家政策	《中共中央关于全面深化改革若干重大问题的决定》要求"建立兼顾国家、集体、个人的土地增值收益分配机制,合理提高个人收益",《深圳市土地管理制度改革总体方案》要求"探索建立规划控制、利益共享、运作高效的土地二次开发利用机制"
A5 对行业信息敏感	a18 洞察未来趋势	"建地铁就是建城市",随着这个轨道交通的网络进一步加密,轨道牵引城市发展,将来肯定会有越来越多的市民居住、工作在轨道交通网络的周边,也就是轨道交通跟人们的生活更加密切,对城市空间的牵引力会越来越强,那自然会引起高度的关注

续表

范畴	概念化	原始语句
A5 对行业信息敏感	a19 深圳旧改项目丰富	深圳市规划和自然资源局累计已公布了500多项城市更新和土地整备项目计划,我们可以分析出这些项目将与轨道交通建设产生关联的可能及情形
	a20 对土地功能布局敏感	轨道交通站点周边土地存量用地改造的潜力很大,运用轨道交通对城市土地利用的引导,采取集约高效的土地利用模式,尽可能发挥轨道交通的服务作用和价值
	a21 对规划空间敏感	城市空间被大型立交及交通干道割裂,交通组织不便,交通效率较低,车行及人行联系极为不畅,因此统筹规划必然是工程设计建设的重要前提
	a22 对各方需求敏感	既能够听到"前期服务商"意见,又能听到其他公司的意见,加上专业综合分析,我们在这里就可以成为"一个纽带",将这些市场主体的声音通过专业的方案,与地铁公司、政府等部门来沟通协调,寻求一个"多方共赢"的可能
	a23 TOD行业特殊性	"站城一体化"开发模式借用轨道站点的土地价值优势,站点周边附近布设公共服务配套,吸引大量人流,引导滚动开发,推动片区经济发展
A6 综合能力	a24 融资能力	比较好的房地产开发项目,通常会研究分析这块地的核心价值是什么,尤其是将来地铁开通以后,站点能带来多少客流,再分析这块地用地规划功能、测算项目投资收益等,通过专业的评判"引导"客流,假设认为这块地与地铁接驳点房地产开发物业形态具有符合"高人流、高聚集、高消费"等市场潜力,也会用自有资金或基金合伙人的资金,共同参与到房地产项目的部分股权投资上,借机获取未来商业开发的利润
	a25 判断能力	这种机会基于自己长年的职业履历沉淀、专业分析能力、宏观政策判断,还要有整合社会网络资源的能力,其实这种轨道交通综合咨询类工作"人才梯队"的技术壁垒是很高的
	a26 资源整合能力	资源整合能力,有没有整合到社会资源关系为你服务;有没有整合到团队? 能否找到合适的创新团队
A7 个人品质	a27 诚信经营	企业价值观是法律指导,诚信第一,做服务咨询一定是要站在客户的角度上思考问题、解决问题,为客户提供完整的、专业的咨询服务流程
	a28 坚持不懈	要日积月累地坚持、专注地做好这个事。创新不是一蹴而就的事情,要系统地、深入地研究

6.3.2 主轴式编码

主轴式编码也称二级编码,第二次编码主要任务是在开放式编码的基础上,进一步发现和建立各个数据单位之间的联系,将原本散落在资料中有意义的内容之间的内在联系展现出来。

主轴式编码具体的操作过程为,通过反复比较,根据概念化的数据单位彼此间的相同性和相异性,把它们归入某几个范畴,并为范畴命名。这些范畴的名称可以出自研究对象的语言,也可以由研究者自行命名,或者研究者借用文献中他人的术语来命名,并在编码过程中使用一个较为简洁的名词来抽象地反映研究者在这一类数据中看到的意义。

在主轴式编码过程中,大量原本零散的数据变得连贯起来,呈现出一定的逻辑性。研究者每一次只对一个范畴进行深度分析,围绕着这一个范畴寻找相关关系,因此称之为"主轴"。通过主轴式编码,将上一轮产生的113个概念进一步归纳为37个范畴。主轴式编码最终结果如表 6-4 所示。

主轴式编码　　　　　　　　　　　　　　表 6-4

主范畴	范畴	概念化
X1 创造性思维特点	A1 先验知识	a1 有相关经验；a2 有专业知识；a3 对行业了解
	A2 挖掘信息差	a4 渠道信息差；a5 价格信息差；a6 项目建设时序信息差；a7 政策执行信息差
X2 市场信息敏感程度	A3 对利润空间敏感	a8 对权利主体相关利益敏感；a9 长期回报；a10 短期回报；a11 建设资金；a12 轨道；a13 房价；a14 地价
	A4 对相关政策敏感	a15 城市更新政策；a16 深圳政策；a17 国家政策
	A5 对行业信息敏感	a18 洞察未来趋势；a19 深圳旧改项目丰富；a20 对土地功能布局敏感；a21 对规划空间敏感；a22 对各方需求敏感；a23 TOD 行业特殊性
X3 学习认知能力	A6 综合能力	a24 融资能力；a25 判断能力；a26 资源整合能力
	A7 个人品质	a27 诚信经营；a28 坚持不懈
X4 了解项目痛点	A8 缺乏统筹规划	a29 审批衔接不足；a30 多方主体谈判困难；a31 土地利用低效
	A9 土地增值收益分配问题	a32 溢价捕获缺失；a33 利益分配碎片化；a34 利益分配主体多元化
	A10 公共配套不足	a35 人流受阻；a36 空间联系不强；a37 不符合公共利益
X5 信息处理综合分析能力	A11 机会挖掘	a38 有明确的目标；a39 抓住机会的能力；a40 贴近客户；a41 专业能力；a42 经济能力
	A12 对潜在商机的分析	a43 轨道交通开发实施机制；a44 轨道交通开发实施情况
	A13 对政策的把握	a45 根据政策进行测算规划；a46 地价管理分配；a47 规划编制管理；a48 计划准入政策
	A14 项目建设规划	a49 制定项目统筹规划；a50 进行经济可行性分析；a51 分析一体化开发实施模式与路径；a52 梳理项目开发历史与现状；a53 分析土地混合开发实际和圈层结构理念；a54 分析土地提升价值；a55 重新规划用地功能布局
	A15 地铁轨道交通信息建设	a56 建立信息查询系统；a57 开设专题分析
X6"前期服务商"团队塑造的结果	A16 要符合 TOD 典型示范效应	a58 要具备站城一体化综合发展创新典范；a59 要协调地铁工程与开发企业的工程时序协同效应；a60 用地及功能空间规划统筹；a61 实现综合利用开发
	A17 要有参与城市"名片"经典案例的经验	a62 南湾站城一体化典型案例；a63 平湖枢纽站典型案例；a64 大运枢纽站典型案例
X7"前期服务商"个人目标	A18 服务流程完整	a65 项目基本建成；a66 前期工作阶段；a67 二级开发阶段；a68 报批报建阶段
	A19 经营情况	a69 投资金额回收；a70 经营现金流为正
	A20 咨询服务收益	a71 服务收入
	A21 物业收益	a72 城市更新收益；a73 被拆迁收益
	A22 股权收益	a74 项目收购股权
	A23 阶段性效果良好	a75 企业仍存活；a76 有一定的知名度；a77 稳定的团队
	A24 抗风险能力	a78 转型灵活；a78 轻资产运营
	A25 行为指标	a79 信息化系统管理创新性思维

续表

主范畴	范畴	概念化
X8 异质性网络	A26 专业技能型人才	a80 房地产开发专业人才；a81 轨道交通专业人才；a82 政策研究专业人才
	A27 专家顾问	a83 专业法务顾问；a84 交通咨询专家顾问
X9 同质性网络	A28 战略合作伙伴	a85 轨道交通类专业机构；a86 深圳地铁公司；a87 各大上市公司开发商
	A29 资金方	a88 自有资金方；a89 私募基金方
X10 社会环境	A30 深圳的定位	a90 大湾区核心战略发展与定位；a91 行政管理特点：强区放权
	A31 深圳的潜在价值与特征	a92 特征；a93 潜在价值
	A32 深圳的正面示范效应	a94 以政府为主导的土地整备方向；a95 以市场为主体的城市更新方向；a96 实施方案所带来的效益差异化
X11 用地管理政策	A33 其他城市的政策经验借鉴	a97 广州；a98 南昌；a99 福州；a100 武汉；a101 香港；a102 上海；a103 东莞；a104 南京
	A34 用地出让政策	a105 红线内用地；a106 车辆基地综合开发用地；a107 红线外其他经营性用地
X12 发展趋势	A35 发展历程	a108 存量为主时代；a109 增量+存量时代
	A36 现状与存在问题	a110 问题；a111 现状
	A37 规划发展趋势	a112 规划政策把关；a113 规划容积率管控

6.3.3 选择式编码

选择式编码也称三级编码，选择式编码是扎根理论三级编码中的最后一个阶段，其意义在于通过对已有的类属和关系进行选择和整合，构建出一个完整的理论体系。

选择式编码的具体操作过程包括：首先，选择核心类属，即从已有的类属中选择那些与研究问题最为相关、最具解释力的类属，作为核心类属。其次，建立类属间的关系，通过分析核心类属之间的关系，建立起一个完整的类属体系。再次，与现有理论进行整合，将已有的类属和关系整合到一个统一的理论框架中，形成有关本研究的一个完整的理论体系。

选择式编码是扎根理论研究中的最为关键的一步，直接影响最终研究结果的质量和有效性。因此，研究者需要在选择式编码过程中保持严谨的态度和科学的方法，确保所构建的理论体系具有科学性、合理性和可靠性。通过选择式编码，将上一轮编码的37个范畴归纳为12个主范畴，并结合学术界对创新成功研究的已有成果，参考创新成功实现路径与前因后果影响因素，将12个主范畴提炼为创新警觉性、创新机会识别、创新成功、社会网络和政策支持5个类属，具体情况如表6-5所示。

选择式编码　　　　　　　　　　　　　　　　　　　　　表 6-5

类属	主范畴	范畴
创新警觉性	X1 创造性思维特点；X2 市场信息敏感程度；X3 学习认知能力	A1 先验知识；A2 挖掘信息差；A3 对利润空间敏感；A4 对相关政策敏感；A5 对行业信息敏感；A6 综合能力；A7 个人品质
创新机会识别	X4 了解项目痛点；X5 信息处理综合分析能力	A8 缺乏统筹规划；A9 土地增值收益分配问题；A10 公共配套不足；A11 机会挖掘；A12 对潜在商机的分析；A13 对政策的把握；A14 项目建设规划；A15 地铁轨道交通信息建设
创新成功	X6 "前期服务商"团队塑造的结果；X7 "前期服务商"个人目标	A16 要符合 TOD 典型示范效应；A17 要有参与城市"名片"经典案例的经验；A18 服务流程完整；A19 经营情况；A20 咨询服务收益；A21 物业收益；A22 股权收益；A23 阶段性效果良好；A24 抗风险能力；A25 行为指标
社会网络	X8 异质性网络；X9 同质性网络	A26 专业技能型人才；A27 专家顾问；A28 战略合作伙伴；A29 资金方
政策支持	X10 社会环境；X11 用地管理政策；X12 发展趋势	A30 深圳的定位；A31 深圳的潜在价值与特征；A32 深圳的正面示范效应；A33 其他城市的政策经验借鉴；A34 用地出让政策；A35 发展历程；A36 现状与存在问题；A37 规划发展趋势

根据三级编码，发现各"前期服务商"自身的创造性思维特点、对市场信息的敏感程度及学习认知能力，使其具备高度的创新警觉性，这种警觉性帮助其进一步识别创新机会，进而走向创新成功。同时，在其产生警觉性到识别创新机会的过程中，其自身的同质性社会网络和异质性社会网络起到了很强的推动作用。此外，在将识别到的创新机会转换为成功的创新结果的过程中，"前期服务商"的社会网络及中国情境下特殊的政策支持起了关键作用。由此可以看出，在深圳轨道交通前期咨询服务创新成功的过程中，中国特殊情境下的国家与地区政策，"前期服务商"警觉性、机会识别能力及社会网络都起了非常重要的作用。

6.4　饱和度检验

在进行深度访谈研究所涉及的范围时，究竟需要多少数量的受访者方可实现并构建起扎根理论呢？依据学术领域对于扎根理论所展开的深入探讨和剖析，扎根理论所秉持的抽样原则被确立为"理论饱和原则"，此外，鉴于质性的研究往往难以制定统一的标准来判定资料达到饱和的样本容量，因此，我们有必要将检验环节嵌入到特定的研究过程中，以尽可能精确地把握研究数据（杨莉萍等，2022）。扎根理论强调，在深度访谈研究过程中，访谈与分析之间互为助力，相辅相成，二者无法被单独区分为独立部分，每次访谈结束之后，研究人员应当立即着手对所得资料进行系统性整理与分析，基于这些分析结果，学者们应当积极构建理论假设并在此基础之上，进一步展开针对性的抽样访谈来进行深入验证，以期逐渐完善理论假设。直至科研人员察觉到，在明确概念内涵、分类范畴，以及构建理论体系方面，所获取的访谈信息开始重合且不再涌现新的重大线索时，便可视为已经达到理论饱和状态，不再需要进行额外的访谈工作了（Negative，2020）。

参照成熟的扎根理论饱和度检验方法，本文作者补充研究报告资料进行独立开放式编码、主轴式编码和选择式编码，并不断参照已有编码结果进行对比分析，结果发展，新的资料中未出现新的概念，概念与范畴之间的关系也未发生变化，因此，认定本文所需的数据资料已经达到饱和，即深圳轨道交通前期咨询服务创新成功研究类属达到饱和，并具有较强的现实解释力，可以不用再补充资料。

6.5 本章小结

本章详细介绍了案例选择依据、数据收集与分析过程。通过对轨道交通前期咨询服务一手资料和二手资料的分析，结合扎根理论三级编码过程，不仅详细分析了轨道交通前期咨询服务创新成功的路径，同时也发现了轨道交通前期咨询服务在创新过程中体现出的一些独特性。

首先，"前期服务商"具备高度的创新警觉性，这种警觉性主要来源于"前期服务商"对市场信息的敏锐把握，以及对自身创新认知能力的提升。通过对市场信息的深入分析，加上"前期服务商"自身拥有的轨道交通行业专业知识、丰富的行业从业经验，其能够及时发现并掌握市场变化趋势，发现创新机会。此外，"前期服务商"也非常注重学习和积累经验，通过不断学习和思考，不断提升自己的创新认知能力，从而为公司的发展提供强大的支撑。

其次，"前期服务商"还具有很强的社会网络构建能力。不仅能够建立和维护良好的同质性社会网络，与战略合作伙伴和资金方保持良好的互动关系，还能够通过构建异质性社会网络，将不同领域和行业的专业人才组建为特有的精英团队，凝聚房地产、轨道交通、政策、法律等多方专家能力，为公司的发展带来更多的资源和机会。这种能力不仅体现在人际交往能力上，还体现在"前期服务商"的团队部署能力和资源整合能力上，通过轻资产运营的方式，构建良好的社会网络关系，能够更加快速地获取和分析市场信息，从而及时做出准确的决策。

最后，"前期服务商"在创新过程中得到中国情境下特殊的政策支持，特别是在深圳，其特殊的大湾区核心战略发展与定位、强区放权的行政管理特点与轨道交通建设发展红利等，都对轨道交通前期咨询服务的发展起到关键的推动作用。

第 7 章 案例分析与结论提出

本文案例分析的首要目标是探究轨道交通前期咨询服务企业创新成功路径及其影响因素。由于轨道交通前期咨询服务所处行业的特殊性，该类公司的商业模式与市场上其他公司不同，使其在市场竞争中拥有独特的优势。此外，轨道交通前期咨询服务所处的行业环境具有很强的特殊性，这意味着在许多方面都与一般创新公司存在较大的差异，这些差异都会对深圳轨道交通前期咨询服务的发展产生影响。

通过扎根理论三级编码，本研究已经将轨道交通前期咨询服务的商业模式、愿景目标、组织架构、管理模式和项目研究报告等资料，以及访谈资料进行归纳提炼，全方位分析了轨道交通前期咨询服务创新发展情况。本章具体内容是结合相关创新文献和理论基础，从资源保存理论、社会认知理论与社会资本理论等相关视角出发，将轨道交通前期咨询服务资料与理论和文献进行对比，对"前期服务商"创新警觉性、创新机会识别、社会网络及所处政策环境进行全方位分析，揭示其创新成功的具体路径。基于对创新警觉性与创新成功的主效应分析，创新机会识别的中介效应分析，社会网络与政策支持的调节效应分析，总结出 8 个研究结论。

7.1 创新警觉性与创新成功的路径分析与结论提出

7.1.1 创新警觉性对创新机会识别的影响分析

"前期服务商"要识别创新机会，首先要具备一定的创新警觉性。创新警觉性意味着"前期服务商"需要保持敏锐的嗅觉，对市场变化、技术发展和社会变革等有敏锐的洞察力，能够从繁杂的信息中分辨出潜在的商机，并将其转化为创新的机会。

根据扎根理论编码结果发现，"前期服务商"创新警觉性包含创造性思维特点、市场信息敏感程度和学习认知能力三大主范畴，且市场信息敏感程度的资料内容最为丰富。也就是说，市场信息敏感程度是"前期服务商"创新警觉性的主要来源（图 7-1）。此外，编码结果也提到"前期服务商"在创新警觉性上表现出的创造性思维特点和学习认知能力，这两方面的素质也是"前期服务商"在创新机会识别过程中能否表现优异的

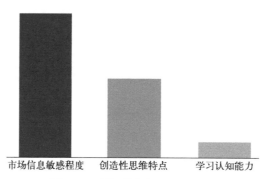

图 7-1 "创新警觉性"类属分析

关键。"前期服务商"需要不断提升自己的认知水平,包括对市场、客户、竞争对手的理解,才能在竞争中立于不败之地。这一结论也显示出"前期服务商"只有具有敏锐的市场意识,才能及时捕捉市场变化和机会。

"前期服务商"拥有警觉性的前提是要对行业具备一定的了解。这需要"前期服务商"对行业政策、市场现状、专业技术等显性信息,以及无法直接观察到的隐性信息具有深刻的理解和分析能力。如对轨道交通行业本质及其在整个产业链中的位置有深入了解。

"为什么现在要提出来这个轨道交通,因为交通太拥挤了,所以只有往轨道上去发展。像建筑一样,为什么要搞绿色建筑,因为地球温度在逐步上升,这就是个大的环境。自然环境和社会环境决定了我们的政策环境,既要适应未来的社会发展,还要符合国家自然发展的规律,这个时候才能谈到下一步,要捕捉商机,顺应大势"(Y 先生访谈资料)。

在此过程中,"前期服务商"需善于分析行业环境、行业政策、市场需求、技术创新等方面的信息。通过这些信息,"前期服务商"可以深入理解行业的客观情况,从而为其作出的决策提供有力的数据支撑。根据 Gaglio、Katz(2001)的研究,个人对于机会及其他相对应的关键要素进行积极主动的挖掘,在机会辨识这一环节中可起到至关重要的作用。Kaish 等(1991)认为尽管创新过程中的信息浏览行为很常见,但信息搜索行为仍然是创新警觉性的核心组成部分,他们主张创新者需要具备特定的技能、天资、洞察力,以及先前经验等,以达到及时、有效地获取信息的目标,信息的持续搜索是"前期服务商"不可或缺的能力的重要组成部分。

搜集并掌握有针对性的信息在此过程中具有无可替代的重要作用(Shane,2003)。个人所掌握的信息可以来自各类多源渠道,这些所得信息对于个人认识并把握机遇有着直接且积极的影响(Ozgen、Baron,2004)。例如,Venkataraman(1997)、Shane(2000)的研究认为,"前期服务商"通过自身的社会经验和学习,特定主题的信息能够为其识别机会提供帮助。Shane(2003)进一步提出,获取相关信息在机会认知中有着不可或缺的重要作用。Ozgen、Baron（2004）也赞同这个观点，他们认为，获取的信息对机会认知有直接的、积极的影响。在机会识别过程中，"前期服务商"需要具备敏锐的感知能力，并通过信息获取和分析，有效地认识机会，这是识别和评估创新机会所必需的步骤。

进一步拆分"创新警觉性"类属下的"市场信息敏感程度"主范畴分布情况发现，"前期服务商"对市场信息的敏感性主要涉及的敏感性如利润空间、行业信息及相关政策等（图7-2）。

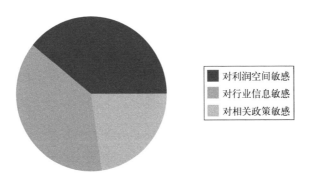

图7-2 "市场信息敏感程度"主范畴分析

在资源保存理论视角下，"前期服务商"在进行创新活动时会更加谨慎，会仔细评估每个决策的风险和收益，以确保其创新活动能够持续下去。此外，"前期服务商"还需要保护自己的资源，以防资源的损失。而"前期服务商"对市场信息的敏感程度及投资决策偏好正好印证了资源保存理论观点。

"在一些优质项目管理上，公司在获取项目咨询服务费用时，还会根据项目进度，采取'结果导向，小资金跟投，适时退出'的方式参与到项目的股权、物业跟投中去，从而获取项目更大收益。可见，深圳轨道交通前期咨询服务企业充分考虑了市场不同客户的心理需求，能够利用专业知识，在项目中设计不同阶段的经营投资策略。也就是说，团队成员必须在业内具有一定的专业研判能力"（专案报告资料）。

在"前期服务商"对市场信息的敏感性中，其非常关注涉及政府利益、房地产开发商利益，以及业主利益等相关权益主体的利益。这体现了"前期服务商"的创新警觉性和对市场变化的敏锐观察力。尤其在一些优质项目的管理上，"前期服务商"会在获取项目咨询服务费的同时，根据项目的具体进展情况，采取"结果导向，小资金跟投，适时退出"的方式参与到项目的股权、物业跟投中去，以实现项目收益的最大化。在项目实施过程中设计了多阶段的经营投资策略，不仅注重项目的结果，也关注项目的过程。这就需要"前期服务商"具有深厚的专业知识，以及精准的研判能力，以便能准确捕捉市场的变化趋势和潜在商机。

综上所述，对信息警觉性越强的"前期服务商"，他们获取外部信息的欲望就越强，因而更容易获得与创新有关的信息。"前期服务商"市场信息敏感性是其开展深圳轨道交通前期咨询服务，取得的成功经验中不可或缺的一部分。通过深入了解和关注相关利益主体的利益，能够及时发现并适应市场的变化和需求，识别并开发新的市场机会。同时，"前期服务商"自身的专业知识和行业经验，以及学习和创新能力也是其能够在竞争激烈的市场中保持高度警觉性的关键因素。这意味着，诸多复杂且交织的因素共同发挥着作用，孵化出了深圳轨道交通前期咨询服务创始人对商业机会的独特洞察力，其中，创新警觉性无疑扮演着至关重要的角色，其与把握商机的能力呈现出显著的正向关联，高度的创新警觉性能有效提升捕捉机会的概率。

由此本文提出结论1：创新警觉性对创新机会识别有正向影响。

7.1.2　创新机会识别对创新成功的影响分析

创新机会识别对创新成功有着重要的影响，"前期服务商"需要通过市场调研、分析竞争对手、寻找创新点等方式，发现并选择具有潜力的商业机会。创新机会的精准识别对于企业成败具有极大的影响。创新成功并非易事，并不是所有识别到的创新机会都会转换为创新成功。Shane、Venkataraman（2020）认为，成功的"前期服务商"所必须具备的是，识别并挑选出最具潜力的商业机会的能力。这种能力被认为是创新成功的关键因素之一，因为它可以帮助"前期服务商"在竞争激烈的市场中找到有潜力的商业机会，并将其转化为成功的企业。

"前期服务商"可以通过多种方式来发现创新机会，例如分析行业痛点、分析政策趋势、研究市场行情、寻找新的突破口等。"前期服务商"创新机会识别的过程，基于对项目痛点的了解和自身信息处理的综合分析能力，能够识别潜在的商机并做出决策。进一步分析"前期服务商"对项目痛点的了解，发现其包含"公共配套不足""缺乏统筹规划"和"土地增值收益分配"三个方面，如图7-3所示，"前期服务商"对项目痛点的深入了解为其创新发展指明了方向。

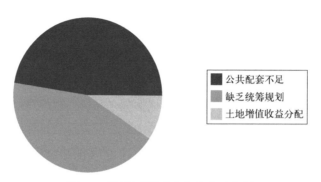

图7-3　"了解项目痛点"主范畴分析

"前期服务商"在对行业痛点进行分析时发现，由于当前轨道交通站点周边空间联系不强、人流受阻、不符合公共利益,导致土地利用效益低下。因此,需要在站点设计、周边环境建设和指引设施上进行优化,以改善交通环境。

"一些新建地区轨道先行,周边城市建设尚未匹配,站点外人流量大,环境品质低下,交通乱,站点外黑车、残摩扎堆,最后一公里交通接驳亟待解决"(项目研究报告)。

"随着周边环境的成熟,很多物业想接进地铁站点,但是都没有实现通道连接。虽然地铁三期工程往后是有所缓解的,但是很多周边的黄金地段跟站点没有形成像加拿大多伦多的安博塔一样,就是地下连通,这种比较便捷的连通方式都还没有完全形成……当然还有就是整个社会的资源,对这一块的认识度可能还有所偏差,导致我们轨道交通线路在服务效率上还是没有起到很好的作用"(Y先生访谈资料)。

因此,"前期服务商"意识到,要解决轨道交通行业当前的种种痛点,实现土地的高效集约节约利用,需要多方面共同努力,需要一个可以提供前期咨询服务的公司,能够整合行业内的各种资源。然而当前,行业内还未有一个能够整合多方专业人才的公司来打通这些资源。

"因为在这个行业里面大部分是做设计类的、规划类的工程,就是术业有专攻,但综合服务类的私营公司是没有的,对我们整个创新机会来说是很好的,因为从整体协调来看,前、中、后端的这样的综合管理专业团队是没有的,这样的人才很稀缺,因为他既要有政府工作背景的经验,又要有地铁公司的一些管理经验,还要具备房地产方面的开发经验,这三种专业能力集合在一个人身上,他才能够做这种轨道交通综合咨询"("前期服务商"访谈)。

因此,"前期服务商"基于自身强大的信息处理和信息分析能力,梳理行业内现有项目建设规划、地铁轨道交通信息建设情况,以及相关政策,对行业内潜在商业机会进行了分析和挖掘,如图7-4所示。

图7-4 "信息处理综合分析能力"主范畴分析

"前期服务商"通过分析市场上未被满足的需求,结合自身从业经验和专业能力,发现了能够提供与现有产品或服务不同的解决方案，最终开创了深圳轨道交通前期咨询服务。

"在工作岗位上就能发现这些痛点，就是创新的一个很大的优势，这个优势实际上是别人很难匹敌的，地铁项目开发过程中的这种咨询服务，实际上是进入了一个窄门，但是也是一个非常有深度、有前景、有竞争力的窄门"（Z 先生访谈资料）。

"前期服务商"需要具有强大的商业思维和敏锐的市场洞察力，以便在商业机会到来时，抓住有挑战但预期收益可观的重要机会。正如 Kabir 等人（2017）的研究发现，具有有效机会识别能力的"前期服务商"更容易取得创新成功。"前期服务商"需要善于识别时机，捕捉市场机会，通过留意身边的人和事，以及持续学习等方式发现和识别有潜力的商业机会。

"所以创新，一定是基于现在对未来的一个预判，而且预判不能太早，太早了说不准，比如电视创新的老板他最先搞电视机，现在又搞新能源汽车，然后又搞起充电器、光伏充电桩，他已经占了很大的新能源市场了，很大的业务量，很成功了"（G 女士访谈资料）。

综上所述，成功的创新往往初衷都是从一个新兴的商业机会开始的。创新机会识别就是发现并辨识出这样的商业机会。对"前期服务商"而言，准确识别机会就等于找到了创新的方向。如果"前期服务商"在识别机会上掌握得当，他们会将精力和资源集中在最有潜力的领域上，有助于提高成功的概率。因此，准确的机会识别有助于"前期服务商"形成独特的竞争优势。通过认识到市场的某个需求或缺口，"前期服务商"可以开发出独特的产品或提供独特的服务，从而使自己区别于竞争对手。

由此本文提出结论 2：创新机会识别对创新成功有正向影响。

7.2 创新机会识别的中介效应分析与结论提出

通过前文分析可知，创新警觉性包括了"前期服务商"创造性思维特点、对市场信息的敏感程度，以及"前期服务商"的学习认知能力，使其能在繁杂的信息中挖掘出潜在的商机，并将其转化为对创新机会的识别。虽然创新警觉性对于成功的"前期服务商"至关重要，但只具备警觉性这个特质并不能保证创新成功。"前期服务商"还需要通过对市场、行业痛点等进行分析，结合自身专业能力和从业经验，寻找创新点，并选择具有潜力的商业机会进行创新。

结合前文分析，以及创新警觉性与创新机会识别两个代码关系分析可以看出，创新警觉性对创新机会有显著的正向影响作用，如图 7-5 所示，图中的正方形越大，说明代码之间的关系越明显。

进一步分析创新警觉性与创新成功之间的关系，以及创新机会识别与创新成功之间

图 7-5　创新警觉性与创新机会识别代码关系

的关系，并通过代码关系可视化图进行呈现，可以发现，不仅创新机会识别对创新成功有显著正向影响，创新警觉性对创新成功也有显著正向影响，如图 7-6 所示。

图 7-6　创新警觉性、创新机会识别与创新成功代码关系

通过以上代码间关系分析可以看出，创新机会识别在创新警觉性与创新成功之间起着部分中介的作用。即创新机会识别是"前期服务商"在面临新的商业机会时，结合自身的创新警觉性等因素，对商业机会的特征和市场环境因素进行深入分析，进而产生发现并创造新的商业机会的过程。创新警觉性是"前期服务商"创新成功的重要因素之一，通过"前期服务商"自身具备的警觉性，加上其创新机会识别能力，可以提高其创新成功的概率。也就是说，拥有高度警觉性的"前期服务商"，善于从项目痛点出发，基于自身专业知识和信息综合处理分析能力，准确识别具有吸引力和创新性的商业机会，从而实现创新成功。

"第一就是你具有先天的一个优势（警觉性），第二就是你在地铁公司也做过相应的一些工作，所以说能够识别到市场的一些需求，同时你也能够解决他们的一些需求"（D 先生访谈资料）。

"一个机会，不是大家都能看得到的，应该是一个隐形的机会，如果不加判断和努力，是寻找不到这个机会的，什么是隐形机会呢？一个就是说我们投入少了，效益比较好，不是一个重资产，这个机会需要根据自身能力去做，很多企业早期的判断都是根据自身的能力去做这个事情的。所以我觉得，如果是说在自己能力基础之上再找到这种隐形的机会，这种机会不是一般人都能够捕捉到的机会，一定是一个创新型的，一个有壁垒的项目，如果不是这样的话，不能够扩大市场机会"（L 先生访谈资料）。

据 Wang、Ellinger 的研究，创新机会的识别过程在信息搜集及企业创新表现之间发挥着关键的中介效应。只有那些具备卓越的创新警觉性，能够迅速洞察到他人可能未曾留意的宝贵信息的创新者，才能够准确地定位和把握商机，步入创新之路。换言之，只有当"前期服务商"拥有超凡的敏锐感知力和非凡的机会发现能力，才能够精准地找寻潜藏的商业机遇，在此基础上占据竞争的制高点，最终实现创新成功的宏伟愿景。不同"前期服务商"之所以具备不同的机会识别能力，源自对创新机会具备不同的敏感性，即创新警觉性，警觉性越高的"前期服务商"越易发觉环境中被人们忽略的资源，从而识别创新机会。这也同时说明，"前期服务商"若想提升创新成功率，不仅要有高度的创新警觉性，还需培养创新机会识别能力，更好地对创新机会进行开发和利用，实现创新成功。

由此本文提出结论 3：创新机会识别在创新警觉性与创新成功之间起着部分中介作用。

7.3 社会网络与政策支持的调节效应与结论提出

7.3.1 社会网络与创新警觉性及创新机会识别的关系分析

社会网络作为一种特殊形式的资源，能够为"前期服务商"提供物质资本、技术经验、信息资源和情感支持（Davidsson、Honig，2003）。在深圳轨道交通前期咨询服务的创新过程中，"前期服务商"通过整合同质性社会网络与异质性社会网络（图 7-7），获取重要的商业信息，这些信息帮助"前期服务商"更好地理解市场需求和未充分利用的资源，有助于"前期服务商"准确地识别和恰当地利用创新机会。

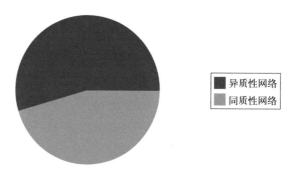

图 7-7 "前期服务商"社会网络结构

"前期服务商"可以通过社会网络获取和共享资源，有效利用异质性社会网络开发资金、技术、市场等各种资源。异质性社会网络包括交通咨询专家顾问、专业法务顾问、轨道交通专业人才、房地产开发专业人才，以及政策研究专业人才（图 7-8）。

"其实当时在成立公司的时候,我们考虑更多的就是专业的差异化,也就是结合市场的需求,包括我们在市场的项目,以及过往的工作经验、项目管理经验中发现的一些商业机会,然后因为我们熟悉一些行业开发政策,同时也熟悉地铁的建设规范;还有就是对用地管理、审批部门的人员比较熟悉,对政策制定出台的逻辑我们也研究得比较深入,通过这几个方向去考虑成立这样的一个团队,社会网络关系在我们公司整个初创的过程当中,也起着一个比较重要的调节的作用"("前期服务商"自述)。

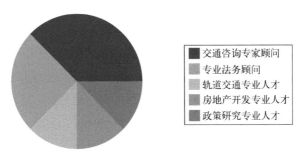

图 7-8 "前期服务商"异质性社会网络构成

由此可以看出,"前期服务商"通过吸引和整合不同专业领域的人才来提高自身的创新机会识别能力。因为不同专业背景的人才可以带来不同的视角和想法,有助于发现并挖掘新的市场需求和商机,在社会网络中建立不同的人脉和信任关系,通过他们的专业视角帮助"前期服务商"拓展商业视野,找到新的商业机会,以此来提升他们的创新机会识别能力。

创新机会源于尚未被发现的市场需求(Kirzner,1997),其产生的根源在于创新信息的异质性(Kaish、Gilad,1991),"前期服务商"需要具备敏锐的商业眼光,在复杂的信息中感知并发现潜在商业机会(Baron、Ward,2004)。构建社会关系网可以帮助"前期服务商"快速获取这些信息资源,进而使其发现新的机会(Christensn、Peterson,1990)。社会网络中的成员,往往出于各自目标与其他成员互动,在不断互动中获取新的信息与资源支持(Nahapict、Ghoshal,1998),这些都为创新机会识别提供了重要的前提(Granovettcr,1978)。"前期服务商"的创新警觉性来自于个人的知识和经验积累、对市场信息的敏感性等因素,社会网络的异质性规模越大,"前期服务商"接触到的知识和创新资讯的范围就会越广,也就是说,异质性社会网络关系可以帮助"前期服务商"更快速地获得更多的优质信息和资源,异质性越强,越可以从不同行业、不同领域获取丰富的创新经验和建议,从而提升"前期服务商"对创新机会的识别能力。

综上所述,异质性社交网络可以帮助"前期服务商"突破束缚,发现全新的、有创新性,且以前未曾涉足的创新机会领域,这对于"前期服务商"来说,特别是有警觉性的"前期服务商"来说是巨大的机遇。因此,有了创新警觉性,并主动参与社交网络的构建,可以帮助"前期服务商"更容易地发现并抓住新的创新机会。

由此本文提出结论4：社会网络在创新警觉性与创新机会识别的关系中起调节作用。即社会网络异质性越强，创新警觉性对创新机会识别的正向影响越显著，反之，则越不显著。

7.3.2 社会网络与创新机会识别及创新成功之间的关系分析

研究认为，"前期服务商"必须不断搜索和识别创新机会，才能将创新活动进行下去，在这一过程中，社会网络起着重要的作用（Baron、Ward，2004）。社会网络对于"前期服务商"而言是重要的信息传递渠道，能够将创新机会与创新成功连接起来，也就是说，社会网络可以帮助"前期服务商"提升成功的可能性。创新信息、创新资源及创新机会都依赖于"前期服务商"所处的社会网络，社会网络能够为"前期服务商"提供有价值的资源支持。

在深圳轨道交通前期咨询服务的社会网络关系中，除了前文提到的异质性社会网络关系，还有一个很重要的同质性社会网络关系。建立同质性社会网络关系主要是为了帮助"前期服务商"找到战略合作伙伴及获取资金。在深圳轨道交通前期咨询服务的同质性社会网络中，包括各大上市公司开发商、深圳地铁公司、轨道交通类专业机构、私募资金方，以及自有资金方五大类，如图7-9所示。

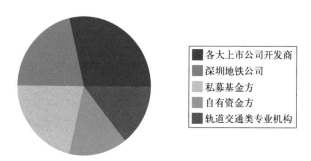

图7-9 "前期服务商"同质性社会网络构成

"前期服务商"在社会关系网络中的位置决定了他们的社会资本。因为社会网络不仅承载着信息流，还承载着物质流、资金流。根据边燕杰等人（2004）的研究发现，"前期服务商"的政府工作背景为其积累了丰富的社会资本，其政府工作的经历越久、行政级别越高，其社会资本的价值就越高。在深圳轨道交通前期咨询服务中，同样存在此类现象。

"再讲到我们社会网络里面的同质性关系，毕竟我们是一直依托着轨道交通建设这条线索来做的，在同质化网络里面，我们也寻求了一些战略合作伙伴，主要是一些轨道交通类的专业研究院，比如深圳市市政设计研究院、深圳城市规划设计研究院。这个主要是为了服务我们的项目，在项目咨询服务过程当中更好衔接我们的房地产开发商、地铁公司之间的关系，去撬动地铁公司内部的一些联动关系。另外就是各大上市的房地产开发企业，因为我们主要的服务对象是这些开发商，这样会让我们更有机会获取项目，所以我们经常会跟各个上市地产公司、开发商去汇报我们取得的一些成绩，包括企业的交流和互动，主要是为了更好地获取项目。轨道交通这一块，其实开发商对我们从事的前期咨询服务类的业务是非常感兴趣的，也是非常认同的。财务方面我们会启用自有资金，还有私募基金去参与房地产开发的一些项目"（H 先生访谈资料）。

"它背后有几个关系，第一个就是考虑国家投资，他更相信央企单位去做。第二来说就是企业的品牌，你找到了这个央企，就等于有一个给你信用背书的东西，还有一个就是背后的各种资源关系也要去整合，就是人和人之间的关系，我跟你的同学关系是不是不错，你愿不愿意帮我，愿不愿意给我这种信任关系"（"前期服务商"访谈）。

在"前期服务商"社会网络中，如果能够接近或占据同质性社会网络中的核心位置，将具有很强的竞争优势。"前期服务商"在充分考量当前社会网络架构及自我资产状况基础上，制定出具备可行性的理想社会网络模型，找到现实网络与理想网络间存在的差距，进一步开发和稳固高效的人员关系，建立具有拓展性的同质化社会网络，使得初创企业与各网络成员之间产生更为紧密的联系，并借助其他相似性质的网络提升自己企业的品牌影响力。

"现在创新过程中，这种社交关系的影响是非常大的，比如早期的跟中国建筑合作，所有大项目无一例外都放在中国建筑这个'盘子'里去做了。中国这个环境，哪怕做小白鼠试验都要找有经验的，有这个经历又会无形之中增强这种关系"（H 先生访谈资料）。

综上所述，社会网络是"前期服务商"获取信息和资源支持的重要渠道，能够提升"前期服务商"的机会识别能力，并为他们提供有价值的资源支持，提高创新成功的概率。在社会网络的支持下，"前期服务商"能够更好地利用社会资源，例如，利用现有社会网络解决问题，利用同质性网络中的知名企业为自己做背书，获取客户资源方面的支持，提高资源获取和利用效率，增加创新成功的可能性。

由此本文提出结论 5：社会网络在创新机会识别与创新成功的关系中起调节作用。即社会网络同质性越强，创新机会识别对创新成功的正向影响越显著，反之，则越不显著。

7.3.3 政策支持与创新机会识别及创新成功之间的关系分析

政策支持与创新机会识别及创新成功之间存在着密不可分的关系。首先，政策支持是创新机会识别的关键因素，在深圳轨道交通前期咨询服务创新所处的政策环境主要是政府制定的各项支持政策。如深圳定位、强区放权政策、大湾区核心战略发展与定位，以及深圳特有的分层出让用地政策等（图 7-10），这些都为深圳轨道交通前期咨询服务的创新提供了合适的发展机会。

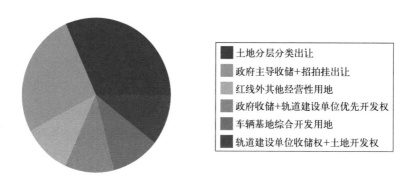

图 7-10 用地管理政策分析

深圳市政府的政策制定能够有效促进创新活动的发展，通过政策优势提供良好的创新环境，引导创新。经过 40 年的快速发展，深圳从"增量扩张"向"存量优化"转变，存量开发成为公共服务设施用地保障的重要途径，在深圳，强区放权背景下，城市更新、土地整备的具体实施下放到各区。此外，深圳旧改项目丰富，深圳市规划和自然资源局累计已公布了 234 项城市更新单元计划备案项目，这些都为深圳轨道交通前期咨询服务的创新和发展提供了良好的政策支持。

"实际上在中国，大家都知道，很多情况下我们对政策一定要吃透，这样的话创新才不会走弯路，所以我认为要专门来做这种政策的研究，要对政策把控得非常好，尤其是在深圳，深圳地铁开发政策在全国都是先进的，据我所知深圳地铁的盈利在全国一直都是第一"（Z 女士访谈资料）。

深圳的一系列政策和措施，为深圳地区轨道交通前期行业的发展提供了强有力的支持，对深圳轨道交通前期咨询服务的创新发展产生了积极的推动效果。其中，深圳地铁开发政策是最具代表性的政策之一，其行业特性和地区特性促进了深圳轨道交通前期咨询服务的发展，使"前期服务商"成为稀缺但具有宝贵发展前景的公司。当"前期服务商"抓住政策机遇，并深入理解市场时，就能够发掘市场空白、利用政策红利、提升创新能力、构建合作伙伴关系，提高创新成功率。

由此，本文提出结论 6：政策支持在创新机会识别与创新成功的关系中起调节作用。即政策越支持，创新机会识别对创新成功的正向影响越显著，反之，则越不显著。

7.4 中介效应的调节分析与结论提出

7.4.1 社会网络对创新机会识别的调节效应与结论提出

社会网络作为一种特殊的关系结构，可以通过网络中的关系和信息流动，为"前期服务商"提供与外部环境互动的机会，从而增加他们对创新机会的识别。社会资本理论和社会认知理论都认为,社会网络的存在可以降低"前期服务商"的信息搜寻成本,为其提供资源获取和分享的途径,从而提高其机会识别能力,进而影响创新结果。

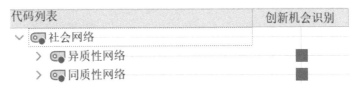

图 7-11　社会网络与创新机会识别代码关系

通过将社会网络与创新机会识别的代码进行交叉分析可以发现(图 7-11),在"前期服务商"社会关系网络中,无论是同质性网络还是异质性网络,都会对其创新机会产生影响。前文提到,创新警觉性、创新机会识别与创新成功之间也存在一定的关系,而创新机会识别则在其中发挥着中介作用,进一步促进了创新警觉性和创新成功的可能性。同时,社会网络能够提升"前期服务商"的机会识别能力,并为他们提供有价值的资源支持,提高创新成功的概率。

"因为我们人才壁垒很高,培养一个这样的人才,不是说大学毕业生里面能招出来,而是一定要在政府和地铁公司这样相关的行业里面有五年工作经验以上的,这种技术人才不容易有。如果我不是在地铁公司干过,在国土资源行业干过,在规划口干过,我是不可能有创新警觉性和机会识别能力的。就算我有警觉性和机会识别能力,如果我没有找到法律和政策上很强的团队来支持我,如果我没有政府资源关系,或者说专业上不了解地铁公司整套的管理方式,那也做不了。所以我的自我分析里面,在我当时创业的时候,就自我剖析过,我们想到要做这个事情,是一定要有这些不同的社会关系的人参与进来的,这样才可以做这个咨询服务,也就是所谓的信息差的事情"(D 先生访谈资料)。

经过对深圳轨道交通前期咨询服务的分析,发现该行业能够成功创新并不仅仅取决于"前期服务商"本身的警觉性,还离不开其社会网络资源的支持。在创新过程中,"前期服务商"充分利用其丰富的社会网络资源来增强其对创新机会的识别能力,这些资源不仅包括专业技能型人才,如政策研究专业人才、轨道交通专业人才和房地产开发专业人才;还包括各领域的专家顾问,如法律顾问和交通工程专业咨询专家顾问,这些社会网络共同为深圳轨道交通前期咨询服务提供识别机会的资源。

如果缺乏这些社会网络资源的支持,"前期服务商"会面临一个困境,那就是很难对市场潜在的商业机会做出准确判断,从而难以把握创新成功的关键。举例来说,当深圳轨道交通前期咨询服务在创新初期,面临品牌能力不足的问题时,如果"前期服务商"没有借助中国建筑这个大品牌去打造自身的影响力,其后续的发展也会变得更加艰难。

综上所述，深圳轨道交通前期咨询服务创新成功不仅需要"前期服务商"本身的创新警觉性，还需要有丰富的社会网络资源来加强其对创新机会的识别能力。如果没有这些资源，"前期服务商"很难对市场潜在的商业机会做出准确判断，也很难获得创新成功。在"前期服务商"社会网络中，专业技能型人才和专家顾问都可为其拓展资源，识别创新机会，为创新成功奠定了基础。

由此，本文提出结论 7：创新机会识别在创新警觉性与创新成功之间的中介作用受到社会网络调节的影响，即社会网络关系越强，创新机会识别的中介效应越明显；反之，创新机会识别的中介效应越弱。

7.4.2　政策支持对创新机会识别的调节效应与结论提出

从资源保存理论角度看，"前期服务商"拥有的知识、经验、技能和社会网络等是其获得竞争优势的关键，但是，如果"前期服务商"所处社会环境恶劣，使其无法充分利用所拥有的知识技能和社会网络资源，那么其也无法发挥其创新警觉性和创新机会识别的优势。例如，如果深圳地区没有强区放权和分层出让等特殊政策，即使"前期服务商"有很好的轨道交通前期开发想法，也无法在深圳地区产生独特的效果。也就是说，如果"前期服务商"缺乏必要的法律和政策支持，他们可能会面临各种法律风险和政策障碍，这将直接影响他们的创新机会识别。通过对深圳轨道交通前期咨询服务案例材料中的政策支持与创新机会识别代码交叉分析可以看出，深圳地区政策对"前期服务商"的机会识别起到了重要的影响作用，如图 7-12 所示。

图 7-12　政策支持与创新机会识别代码关系

政策支持能够通过优化营商环境等方式促进"前期服务商"的机会识别与创新成功。咨询服务企业各方面行为都会受到社会环境和政策环境的影响。有学者研究发现，政策支持将增加创新机会的数量、激发创新意愿、降低创新成本、提高创新成功率（张静宜等，2021）。除此之外，由政府提供的大力扶持对构建积极向上的创新环境具有关键意义，这种政策为广大"前期服务商"赋予了坚实的信心，使得他们敢于迎接困难，勇往直前地拼搏和创新，如此一来，便大大提升了创新的总体成功率（许成磊等，2022）。

"深圳地区的特殊性，在其他地区不可复制"（C 先生访谈资料）。

综上所述，政策支持对"前期服务商"来说具有重要意义，可以促进其进行机会识别,即增强创新机会识别在创新警觉性与创新成功之间的作用,通过政策支持优化创新环境,提升创新成功率。

由此,本文提出结论 8:创新机会识别在创新警觉性与创新成功之间的中介作用受到政策支持调节的影响,即政策越支持,创新机会识别的中介效应越明显;反之,创新机会识别的中介效应越弱。

7.5 结论归纳及图示

本文通过案例分析探讨了深圳轨道交通前期咨询服务企业的创新成功路径及其影响因素。研究发现,深圳轨道交通前期咨询服务企业的创新成功依赖于其独特的商业模式、对市场信息的敏感度、创造性思维和学习认知能力。这些因素共同构成了"前期服务商"的创新警觉性,使其能够识别和抓住创新机会。此外,社会网络和政策支持很好地调节了创新警觉性、创新机会识别与创新成功之间的关系,即"前期服务商"通过整合异质性和同质性社会网络资源,提升了机会识别能力,而深圳特区的政策环境为企业的创新提供了有利条件。研究最终提出了 8 个结论,旨在揭示深圳轨道交通前期咨询服务创新成功的具体路径和影响因素,并提出了创新成功路径整合模型,如图 7-13 所示。

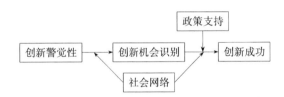

图 7-13 深圳轨道交通前期咨询服务创新成功路径因素

研究提出的 8 个结论分别是:

结论 1:创新警觉性对创新机会识别有正向影响。

结论 2:创新机会识别对创新成功有正向影响。

结论 3:创新机会识别在创新警觉性与创新成功之间的起着部分中介作用。

结论 4:社会网络在创新警觉性与创新机会识别的关系中起调节作用。即社会网络异质性越强,创新警觉性对创新机会识别的正向影响越显著,反之,则越不显著。

结论 5:社会网络在创新机会识别与创新成功的关系中起调节作用。即社会网络同质性越强,创新机会识别对创新成功的正向影响越显著,反之,则越不显著。

结论 6:政策支持在创新机会识别与创新成功的关系中起调节作用。即政策越支持,创新机会识别对创新成功的正向影响越显著,反之,则越不显著。

结论 7:创新机会识别在创新警觉性与创新成功之间的中介作用受到社会网络调节的影响,即社会网络关系越强,创新机会识别的中介效应越明显;反之,创新机会识别的中介效应越弱。

结论8:创新机会识别在创新警觉性与创新成功之间的中介作用受到政策支持调节的影响,即政策越支持,创新机会识别的中介效应越明显;反之,创新机会识别的中介效应越弱。

7.6 本章小结

本章结合第4章的文献分析与理论基础,以及第5章的数据编码结果,对研究案例进行进一步的分析和讨论,并在此基础上提出8个研究结论。

通过对这些结论的深入探讨,希望能够为"前期服务商"和行业研究者提供一些新的思路和启示,并进一步推动创新研究的发展。本章分析了"前期服务商"在识别创新机会时所需的能力和素质。其中,创新警觉性是一个至关重要的因素,它可以帮助"前期服务商"在市场中敏锐地发现机会,并及时采取行动。研究结果表明,"前期服务商"在识别创新机会方面表现出色,主要得益于其创新警觉性,进一步分析发现,其创新警觉性主要包含创造性思维、对行业信息的敏感程度,以及学习认知能力。除此之外,"前期服务商"还通过借助社会网络资源等方式增强获取信息的能力,这种积极主动的信息搜索帮助其更好地了解市场,并把握住新的机会。

此外,"前期服务商"的社会网络在整个创新成功路径中起到重要作用,通过网络信息和资源共享,"前期服务商"提高了成功的可能性。政策的支持也能促进创新活动的发展,为创新提供支持,降低风险。因此,"前期服务商"在识别机会时,应充分利用社会网络和政策资源,提高创新成功率。这些发现为理解轨道交通建设中前期项目的创新成功因素提供了新的视角,尤其为专业化程度较高的房地产类"前期服务商"提供了一些有益的管理启示。

第 8 章　结论讨论与管理启示

8.1　结论讨论

8.1.1　"前期服务商"创新机会识别的前因变量分析

通过前文综合分析来看,"前期服务商"在发现和把握创新机会时,受到以下因素的影响:第一,对行业需求变化的了解程度。"前期服务商"需要了解轨道交通行业趋势和发展方向,了解行业项目痛点和相关主体权益,才能及时发现潜在的创新机会。第二,对行业相关经验和专业知识的掌握程度。"前期服务商"需要掌握相关专业知识和具备一定经验,才能更好理解市场需求和行业发展方向,形成敏锐的市场洞察能力。第三,学习认知能力。"前期服务商"必须拥有持续学习的品质,坚持不懈是其成功的关键。第四,建立社会关系网络的能力。"前期服务商"拥有的同质性及异质性社会网络越丰富,能够获取的市场行业信息和资源支持就越多。只有具备这些素质和能力,"前期服务商"才能够在轨道交通行业内的前期咨询服务细分领域中发现新的市场发展机会,把握住创新的机遇。按照扎根理论编码层级来看,"前期服务商"的创新机会识别

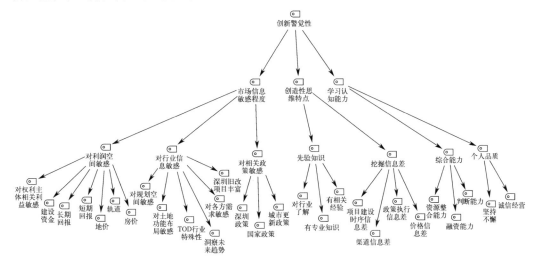

图 8-1　"创新警觉性"分层代码子代码模式

的前因变量可以归纳为创新警觉性的直接影响作用和社会网络的调节作用,其具体影响因素按三个层级来划分,如图8-1、图8-2所示。

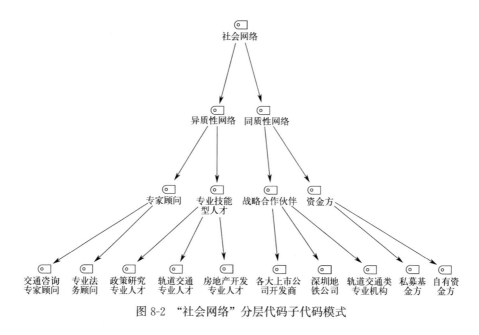

图8-2 "社会网络"分层代码子代码模式

首先,在市场信息敏感程度方面,专业化程度高的"前期服务商"往往对利润空间(房价、地价、轨道、建设资金、短期回报和长期回报)等十分敏感,尤其是对各权益主体的利益诉求把控方面,能够利用专业知识,针对不同客户的心理需求,在推动项目不同阶段定制一些个性化的服务策略,在公司内部经营策略方面也相对灵活。

"在创建团队时,就做过很长远的规划,不是无组织无目的,哪怕接到一个很小的项目也要开始做这个规划,我们一直稳扎稳打,我们这个测算还是很稳健的"(H先生访谈资料)。

"我们评判整个深圳房地产行业和物业还是属于比较优质的投资项目,因为从我们研究的数据来看,按照国际惯例,轨道沿线物业的增值收益,又或者租金收益都相对稳定,所以我们团队觉得轨道交通中综合类的咨询服务业务,值得长期做并仔细做。我们服务的不只是客户的需求,解决项目的个别协调问题,还包括我们自己内部对投资机会的研判"(Z女士访谈资料)。

其次,"前期服务商"对相关政策的解读和行业痛点的把握要非常精准。

"因为依托着轨道交通沿线规划及工程建设进度的研判,加上熟悉房地产市场开发及投资逻辑,深入研究分析房地产调控政策,对房地产一、二级市场的联动能力,都是这些'前期服务商'具备的能力。事实上,这样团队在我们国家是比较少有的,而因为深圳特区高度市场化、人才集中,组建'前期服务商'团队则更具备这样的政策环境。所以很多人觉得深圳地铁建设速度很快,但大家看不到后面有大量的'前期服务商'配合政府、地铁公司共同推动轨道交通工程的拆迁、建设工作等，他们往往比国有企业、政府行政部门更具有执行能力，更灵活，更具体，他们通过调动专业资源来共同推动项目从规划到建设到落地，'前期服务商'综合协调能力往往都很强"（D先生访谈资料）。

在创造性思维方面，"前期服务商"首先有丰富的行业经验和项目经验，如在地铁公司、土地管理、规划专业、房地产行业等都有相对丰富的经验，这些经验使其对行业有非常全面而深刻的理解。

"例如，'前期服务商'的核心成员一般都具备在比较大型的房地产公司、地铁公司、政府核心部门的工作经验，这些行业或部门本身的业务机会非常多，有助于积累管理经验和专业经验，增加社会资源，提高对创新机会识别的动力"（L先生访谈资料）。

在有了相关经验的基础上，"前期服务商"能够挖掘行业信息差（包括价格信息差、政策执行信息差、渠道信息差以及项目建设时序信息差），洞察行业未来发展方向。

"在缺乏有效时间序列统筹安排的情况下，各种类型的更新单元项目与地铁建设工期经常无法协同推进，导致大量的资源被无谓地消耗和浪费；反过来说，轨道线的建设工程通常都会设定严格的工期及详细的时间计划，这便使得其与建筑物或更新单元可能存在不确定性及不稳定性，两者之间相互碰撞，进而在时空及价值两个层面产生尖锐的矛盾冲突。假如深圳地铁公司先行开展地铁建设工程，那么待政府后期进行建筑物更新及拆迁操作时，必然会遭遇更大的难度和挑战，反而会提升整个建设项目的总成本；反之，如果政府首先着手进行建筑物的更新工作，然后深圳地铁公司后期再考虑开设相应的轨道站点，就有可能面临诸如站点与周边公共设施接洽不够紧密，造成轨道站点与二次开发用地在空间规划及利用上融合度较差等一系列问题"（项目研究报告）。

在学习认知能力方面，"前期服务商"首先应具备良好的融资能力、判断能力和资源整合能力。需要找到合适的投资人，通过加强自身信用建设和拓宽融资渠道等方式提高融资能力；需要具备专业的战略战术能力，能够在决策时做出正确的判断；此外，还需要具备合理规划和感召力。

"第二点是创造性，能找到规划专业、轨道交通建设专业、房地产开发专业、投融资专业等综合能力强的人才，需要的这类人才是可以跟公司一起撬动咨询业务的精英。对于客户来说，精英团队不仅帮他服务，也帮他一起创造价值最大化。另外，因为创新嘛，也会依附一些大单位，找到更多稳定的合作项目"（Y先生访谈资料）。

其次"前期服务商"应通过个人良好的品质，对创新机会识别坚持不懈、诚信经营。

"你今天这样干明天那样干，也不可能有这种机会，首先要把态度端正，这样每件事才能做好，时间久了就是工作关系变为朋友关系，朋友关系变成亲戚关系一样，所以我们经常说企业价值观，就是把诚信放在第一位。企业诚信这个名片是不容易做的，它要日积月累才能给客户奠定这样的认同感"（L先生访谈资料）。

在异质性社会网络方面，专业技术和经验是"前期服务商"的一个显著特点。在深圳轨道交通前期咨询服务中，其整合了房地产开发、轨道交通建设及政策研究三个领域的专业人才，这三类人才在行业内一般是不会出现在同一个公司里面的，因此，异质性的创新团队是"前期服务商"识别创新机会并获得创新成功的一个显著且关键的因素。

"其实咨询做的是一件专业精细化分工的事情，这个专业精细化分工体现在我们的专业技术人才上，也就是在社会网络关系里面的异质性，因为整合三大块的专业人才，一个是具有房地产开发经验的人才，一个是轨道交通建设专业方向的人才，还有一个是政府规划及政策研究型的人才，这三方面人才一般出现在三种不同类型公司的三个不同岗位，但是在我们这个前期咨询服务公司里，整合了这些人才，这些人员储备是一个特质"（L女士访谈资料）。

在同质性社会网络方面，在选择合作伙伴时，"前期服务商"注重与轨道交通类的专业机构，如深圳的市政类设计院、交通类设计院、城市规划设计院等开展战略合作。这样的合作不仅能在项目过程中更加有效地与房地产开发商进行衔接，还能为"前期服务商"提供地铁建设方面的经验和宝贵意见，为实现项目的可持续性和盈利创造良好的条件。

"再讲到同质性网络关系，毕竟是一直依托着轨道交通建设这条线索来做的，一些用地服务关系、前期咨询服务等，主要还是解决市场上开发商或者业主代表的一些需求，所以在同质化网络里面也寻求了一些战略合作伙伴，主要是一些轨道交通类的专业合作院，比如市政院、轨道交通设计院、深圳市城市规划设计研究院，往往在国内和深圳当地都比较有名，主要是在服务项目过程中可以更好地去衔接房地产开发商的需求，深圳地铁公司作为战略合作伙伴，也能够提供很多意见"（L女士访谈资料）。

综上所述，创新警觉性与社会网络对"前期服务商"的创新机会识别的影响是层层递进的。"前期服务商"首先需要有一定的行业知识、了解市场信息，基于自身的创造性思维和学习认知能力，发现市场的潜在机会。其次，对轨道交通行业的发展趋势、市场需求、政策影响等因素保持敏感，并在这些过程中积累经验和技能，提升对轨道交通行业的理解。在有了一定的行业知识和市场认知能力后，"前期服务商"需要通过同质性和异质性社会网络来验证创新想法，了解其他相关主体对市场的理解，以及他们在轨道交通行业中面临的挑战和机会，从而进一步调整自己的创新思路和策略，拓宽自己的视野和思维方式，并获取更多的资源支持。通过以上步骤，"前期服务商"能够更好地抓住创新机会、应对挑战和利用资源，使得创新机会的识别越来越明晰。

与其他的对创新机会识别的研究发现类似，如Parker等人（2018）发现，"前期服务商"的直觉、知识解释、知识整合与制度化都对创新机会识别有着不同的影响。本文针对深圳轨道交通前期咨询服务的创新机会识别，提出了其特有的影响因素，即"前期服务商"的市场信息敏感程度、创造性思维能力、学习认知能力，以及构建和利用社会网络的能力。

8.1.2 "前期服务商"创新成功机制及影响路径分析

"前期服务商"创新成功机制和影响路径是一个复杂的问题。"前期服务商"的内在素质和外部环境都会对创新成功产生巨大的影响。前文分析道,"前期服务商"素质（创新警觉性）与社会关系网络对其创新机会识别产生了巨大的影响，而绝大部分创新活动的行为都始于对一个富有引力的创新机会识别，那么，"前期服务商"在机会识别之后，通过什么样的路径机制，才能实现创新成功呢？

在创新机会识别的基础上，"前期服务商"需要通过选择合适的创新路径来实现创新成功。在深圳轨道交通前期咨询服务过程中，在机会识别的基础上，首先对项目痛点进行分析，其痛点包括公共配套不足、缺乏统筹规划和土地增值收益分配问题三大类，涵盖空间联系不强、人流受阻、不符合公共利益、土地利用低效、多方主体谈判困难、审批衔接不足、利益分配主体多元化、溢价捕获缺失和利益分配碎片化9类细分因素，按照扎根理论三级编码分层如图8-3所示。

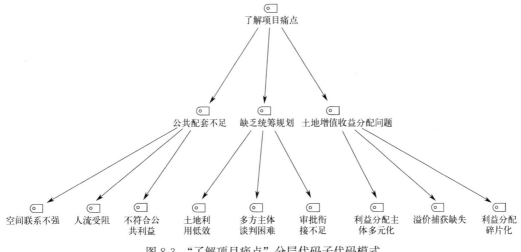

图 8-3 "了解项目痛点"分层代码子代码模式

在项目痛点方面，确实存在一些地铁站及周边公共空间的功能与发展要求不适应的情况。

"有个别站点跟周边有所连通，但是很多站点其实没有跟周边的商业、办公单位实现连通，更加别谈与周边的住宅楼连通了，所以深圳地铁沿线都存在这个问题"（Y先生访谈资料）。

也存在土地利用低效、多方主体谈判困难等情况。

"第三个问题，就是轨道交通企业本身，在一定程度上也是没什么动力，自己只管自己建设地铁、运营地铁的专业，往往很少考虑这些问题"（Y先生访谈资料）。

在这样的情况下，"前期服务商"需要敏锐地思考如何通过地铁与周边设施的无缝对接，提升公共资源协同能力和效率。

"这一块我想结合自己的一些经验,说说深圳南湾这种项目,其实地铁公司也是希望有一个综合咨询顾问来帮助他们的,甚至是能够协助他们一同协调与政府之间的关系。但事实上在项目推进过程当中,由于开发商、业主,还有地铁公司都受限于政府的一些政策,项目很难推进,'卡脖子',如果没有熟悉政府政策的人脉关系,三方是非常难摸清门路,项目当然在利益上就很难平衡,没法获得多赢局面。而你们公司能找到这些痛点,还具有专业优势,很好"(D先生访谈资料)。

也就是说,"前期服务商"通过敏锐地思考如何使地铁与周边设施进行无缝对接,提升公共资源协同能力和效率,其创新思想能很好地吻合市场对这方面信息和能力的要求,创新团队成员能够提供一站式的解决方案,打通相关的利益链条,满足客户需求,使项目得以顺利推进。

综合以上,在对行业项目痛点进行充分分析以后,"前期服务商"对各类信息进行综合处理,包括项目建设规划、地铁轨道交通信息建设和政策分析等,挖掘潜在的商业发展机会,其信息处理综合分析能力按照扎根理论三级编码分层如图8-4所示。

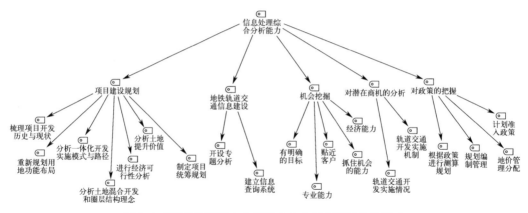

图8-4 "信息处理综合分析能力"分层代码子代码模式

"前期服务商"需要对项目统筹规划、经济可行性、一体化开发模式与路径、项目开发历史与现状、土地混合开发和圈层结构理念、土地提升价值和用地功能布局进行综合分析,为公司的发展提供清晰的思路和方向。在项目建设规划方面:

"尊重现有自然地理、人文社会、经济产业环境,建设综合枢纽型物流基地;优化城市用地布局和功能结构,进一步完善提升区内道路交通体系建设;完善区内生产生活配套,打造集铁路枢纽、多式联运综合枢纽型物流、集装箱中转、仓储配送、物流加工、传统制造业与新兴产业联动发展等城市功能于一体的产城融合综合型城区"(项目研究报告)。

在地铁轨道交通信息建设方面,实现地铁轨道交通信息查询、地铁线路属性检索、地铁站点属性检索、地铁信息空间检索、地铁线路分布一张图和地铁站点分布一张图查看等功能;开设不同分析专题,包括概况分析、时段分析、区域分析、地铁覆盖度分析和地铁供需预警分析等。在政策分析方面,深圳轨道交通前期咨询服务创新团队不仅对计划准入、规划编制管理和地价管理分配等政策进行了深入的研究,还运用相关技术手段进行了测算,在此过程中深入了解政策对业务的影响。

在"前期服务商"实现创新成功的过程中,其具备非常强的专业能力,其社会网络也起到了非常强的作用。

"就是他的公司提供的这些项目,是一个一揽子完整的解决方案,而不是某一个方面单向的突破,在这个创新机会中,对于地铁项目开发的每个环节,他自己和他的团队都有比较好的一些见解,更容易为客户和业主提供好服务。这种创新机会的识别,我认为是他的职业经历给了他独特的资源,我看他创办的公司也算填补了某个专业方面的空白,包括创立之后,他的创新成果,以及他对社会网络资源的把控或整合,我认为都使得他的公司很快进入正常运作"(Z先生访谈资料)。

正如学界研究类似,"前期服务商"在进行资源拼凑时,他们的社会网络可以作为一种特殊形式的资本,为他们提供物质资本、技术经验、信息资源和情感支持,这些资源对于建立和成长咨询服务企业是不可或缺的。"前期服务商"可以从创新网络中获得其创新机会识别过程所需的绝大多数信息和资源(Rosenstein et al.,1993)。此外,"前期服务商"还需要具备较好的管理能力和人际交往能力,能够处理好与投资人和员工之间的关系,并建立一个强大的团队,以共同实现创新目标。此外,"前期服务商"的内在素质,如心理素质、应变素质、人际交往、创新求异、灵活变通和机会识别等,都在创新过程中产生重要影响。

总的来说,"前期服务商"的内在素质和外部环境,尤其是创新警觉性、创新机会的识别、社会关系网络和对政策的理解,对其创新成功产生了重大影响。在创新的过程中,"前期服务商"需要全面把握各项关键要素,坚持不懈地努力,不断优化创新项目,才能在激烈的市场竞争中脱颖而出。

8.1.3 中国情境下深圳轨道交通前期咨询服务创新发展影响因素分析

政策在中国特殊情境下对新创企业具有显著的积极影响,可以推动企业的创新和发展,为经济社会的可持续发展提供有力支撑。在深圳轨道交通前期咨询服务行业也是如此,这得益于政府一直以来的支持和鼓励。分析政策对深圳轨道交通前期咨询服务创新发展的具体影响因素,按扎根理论三个层级来划分,包括用地管理政策等3个主范畴,用地出让政策等8个次一级范畴和规划容积率管控等19个概念,具体如图8-5所示。

在整个政策支持的大环境里面,深圳的定位,大湾区核心战略与强区放权等政策都为深圳轨道交通前期咨询服务的创新发展营造了良好的环境。

"强区放权背景下,城市更新、土地整备的具体实施下放到各区。城市更新进入提质增效阶段,特征包括:强区放权,完善更新政策;多种更新方式并举;加强政府的引导作

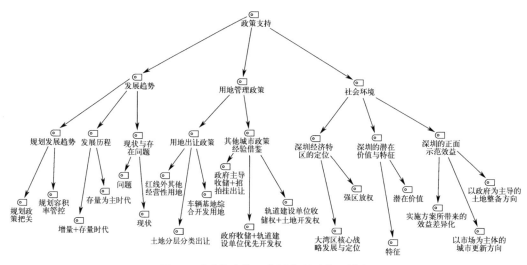

图 8-5 "政策支持"分层代码子代码模式

用;重视保留城中村和产业空间。深圳积极推动都市圈城际线网及核心枢纽规划建设,打造"轨道上的一小时都市圈,通过 TOD 为导向的站城一体化开发来引导资源要素的合理流动并反哺轨道交通建设和运营成为未来深圳城市发展的必然选择。轨道交通可以极大地提高资源要素的流动效率,大湾区市域间的连通,必然会引导人流向中心城市、中心城区聚集,进一步加大中心地区的交通压力、增加居民的通勤距离和通勤时间,轨道建设进入快通道,基于财政补贴为主的投融资模式难以为继"(项目研究报告)。

一方面,强区放权背景下,城市更新、土地整备的具体实施下放到各区,为企业项目的发展提供了有利的空间。另一方面,深圳在城市更新方面的政策已逐步走向规范化和精细化。然而,轨道交通建设的快通道需要投入大量的资金,以财政补贴为主的投融资模式难以支撑。因此,深圳开始探索新的投融资模式,比如 TOD 为导向的站城一体化开发,以此引导资源要素的合理流动并反哺轨道交通建设和运营,这无疑将成为未来深圳城市发展的必然选择。也就是说,轨道交通建设是一个复杂的工程,需要多方主体参与,这也为深圳轨道交通前期咨询服务的创新发展提供了良好的机会。

除了政策环境外,相较于充分发展的市场经济环境而言,中国所处的"关系"情境表现出鲜明的独特性。在中国社会经济活动的漫长历史进程中,"关系"始终发挥举足轻重的角色,这一堪称中国特色的特质在国际学术界日益引人瞩目。大量研究成果揭示了中国企业创建过程与"关系"密切关联,创新型商业活动深深植根于社交网络之中,二者犹如鱼水之情无法割裂开来。首先,当我们探讨一家新兴企业在形成与壮大的道路中所遇到的各类问题时,往往需要利用各式各样的人际关系去寻找解决之道,特别是涉及资源分配方面的问题时。其次,持续地构建与维护良好的人脉网络,无疑会对企业的成长和发展带来深远的影响。在中国这样一个重情义的社会里,"关系"始终被视为其交际文化中的核心竞争力之一,无论是在社交圈层还是市场竞争中,这种独特的人情纽带都起到了至关重要的作用。众多研究分析都指出,在当前中国特殊的情境下,人脉网络发挥了无可替代的作用,成了开展商业活动所必备的要素。正是因为有这些人脉资源的支持,新成立的企业才得以获取关键性的情报和丰富的物资。

在"前期服务商"的关系网络中,其同质性和异质性的关系网络都发挥了重要的、不可替代的调节作用。在寻找合适的团队成员、合作伙伴和资源时,"前期服务商"通过社交网络这个强有力的工具,找到了一些有共同志向、专业背景的朋友,他们在一起形成了一个强大的网络,一方面为深圳轨道交通前期咨询服务提供必要的信息和资源支持,另一方面也能针对不同的项目需求,通过不同的专业技能来合作完成项目。

综上所述,在深圳轨道交通前期咨询服务创新发展过程中,资源是非常宝贵的,包括政策资源、社会网络资源等,这些资源在中国情境的创新环境中发挥了重要的作用,不仅能够帮助"前期服务商"准确识别具有前景的创新项目,还能帮助"前期服务商"合理分配资源,实现资源效益最大化,将识别的创新机会有效转化为创新成功。相反,如果"前期服务商"错误地识别机会,将资源投入到不具备发展潜力的领域,很容易导致资源浪费和创新失败。因此,正确的机会识别对于资源投入的分配至关重要。

8.2 学术贡献

8.2.1 理论贡献

本研究基于深圳轨道交通前期咨询服务创新案例,探讨了中国情境下创新警觉性、创新机会识别、社会网络、政策支持与创新成功之间的关系,构建了轨道交通前期咨询服务公司创新成功路径的整合模型,并通过案例研究深化了相关理论,具有以下理论贡献:

第一,丰富了创新警觉性和创新成功二者之间关系的理论研究,通过深圳轨道交通前期咨询服务案例分析,提出适合"前期服务商"警觉性的特征,包括市场信息敏感程度、创造性思维特点和学习认知能力,丰富了创新警觉性的概念内涵和外延。一方面,以往的创新研究主要集中在创新动机、创新成功等方面,对于创新警觉性的研究还比较少,本研究基于资源保存理论、社会资本理论和社会认知理论,构建了"创新警觉性—创新机会识别—创新成功"路径关系模型,为创新警觉性的研究提供了新的思路和方法。另一方面,详细探讨了Z交通工程咨询公司创新过程演化路径,揭示其创新警觉性、创新机会识别与创新成功的内在作用机理,并结合社会网络和政策支持,分析中国情境下"前期服务商"创新成功的特殊演化过程,贡献本土化案例。即以"前期服务商"社会网络为切入点,全面考察其同质性社会网络与异质性社会网络的影响,以"前期服务商"创新过程的社会生态演进视角,结合中国本土情境、政策支持,分析中国特色创新生态系统下,"前期服务商"创新成功的影响路径。

第二,进一步完善了社会网络与创新机会识别之间关系的研究,深入剖析了社会网络与创新机会识别的内在作用机制,打开了二者关系的"黑箱"。随着国内外学者对创新机会识别这一变量的重视,越来越多的学者开始关注创新机会识别的具体形成路径。近年来,也有一些学者开始关注社会网络与创新机会识别的关系,但是,学者们对于二者之间的关系研究并不深入,多数学者仅关注二者之间的某一个作用路径,鲜少有学者将社会网络与创新机会识别纳入整合模型,深入分析二者之间的关系。基于此,本研究构建了整合框架模型,探索了社会网络与创新机会识别在路径中起到的作用(包括创新机会识别的部分中介作用和社会网络与创新机会识别的共同的链式中介作用),有效地填补了以前研究者在分析社会网络和创新机会识别的关系方面存在的不足。

第三,丰富了中国情境下创新成功案例研究。本研究以中国情境下的轨道交通前期咨询服务公司创新成功案例为基础,通过深入分析和解读这些案例,丰富了创新成功研究的视角,贡献了创新成功研究的本土案例。其中,案例研究资料包括"前期服务商"自述、创新团队关键人物访谈、深圳轨道交通前期咨询服务项目研究报告等内容,大量一手信息资料使得研究更具准确性和深入性。通过研究这些案例,其他学者可以借鉴优秀团队的智慧,揭示创新成功的共性,为创新研究提供有益的参考和启示,是对创新成功研究的一大贡献。

8.2.2 实践贡献

本研究探讨了"前期服务商"的警觉性如何影响创新机会识别,进而达到创新成功的路径,并分析了社会网络和政策支持在其中的调节作用。研究发现,在有一定的行业经验和专业知识的基础上,"前期服务商"的个人警觉性对创新机会的识别有显著的推动作用,此外,社会网络和政策支持可以加强创新机会的识别并推动创新成功,对"前期服务商"启示有以下几点。

第一,"前期服务商"可以通过建立与合作伙伴、供应商、客户和同行的联系,获取各种资源和信息上的支持,从而提高识别创新机会的效率。在积极利用社会网络关系的过程中,"前期服务商"应当注意到自身创新机会识别的变化。创新警觉性是"前期服务商"在寻找和把握创新机会时的重要因素,包括对商业环境的敏锐感知、对新商业模式的持续探索和对市场变化的及时反应等,敏锐的警觉性可以帮助"前期服务商"识别市场机会。研究发现创新机会识别会随着社会网络关系的扩展和深化而提升,这意味着,在社会网络中的"前期服务商"将有更多的机会接触到新信息、新技术和新趋势,从而能够更加敏锐地识别创新机会。同时,"前期服务商"也可以通过在网络中获取信息和知识来不断更新自己的创新知识和信息库,从而提升自身对环境中机会的敏感度,进而提高创新机会识别的概率。

第二，本研究为中国情境下的"前期服务商"创新成功提供了很好的思路，社会网络和政策支持是中国情境下两个特殊且关键的因素。中国特色的创新环境塑造了独特的社会网络和政策支持，二者相辅相成，共同促进了"前期服务商"的成功。在社会网络方面，首先，中国的历史文化与其他国家不同，特别是家族关系和人际关系的重要性方面。因此，在创新过程中，"前期服务商"可以通过自己的社会网络获取资金、技术、信息等资源。其次，由于地域性和关系信任度，"前期服务商"的社会网络可以提供更低成本的市场机会，并通过关系信任度提高获取项目资源成功率。再次，社会网络也为"前期服务商"提供了一个社交和学习的环境，学习同行的经验教训，同时也可以增强"前期服务商"的心理支持和信任度，提高创新成功率。究其原因，可能是由于许多"前期服务商"没有能够深入地理解创新的本质和全过程，他们往往看到一个赚钱的点子就想赚这个钱，忽略了创新的全过程中资源、人脉、管理、坚持不懈和持续学习等关键环节，从而导致创新失败。因此，对于"前期服务商"来说，不仅要关注政策变化，也需要学习专业知识、借鉴他人经验，以提升自己的商业认知能力，进而提高创新成功率。

8.3 管理启示

创新警觉性、创新机会识别、社会网络和政策支持都在创新过程中起着非常重要的作用，每一个环节都对创新成功产生或多或少的影响。学界研究发现了创新警觉性、创新机会识别对创新成功有着重要影响，本文正是基于前人研究的基础，试图深层次地探索创新警觉性、创新机会识别之间的关系，以及发现其他可能的影响因素。基于案例的分析，本文的管理启示有以下几点：

首先，"前期服务商"应明确创新警觉性是创新成功的重要先决条件。创新警觉性是"前期服务商"在寻找和把握创新机会时的重要因素，包括对行业市场环境的敏锐感知、对新商业模式的持续探索和对市场变化的及时反应等，"前期服务商"的创新警觉性可以帮助他们在创新的过程中，发掘出更多的商业机会，从而获得更多的成功。

其次，"前期服务商"应善于构建和利用自身社会网络资源。社会网络对于"前期服务商"来说，是一个获取资源和信息的重要渠道，其中包含着大量的商业机会和趋势。在有了一定的社会网络基础后，"前期服务商"才能通过社交和商业活动获取更多的商业信息，提高自己对环境中机会的敏感度，进而提高创新机会识别的概率。

再次，"前期服务商"应对创新环境、政策等有充分的了解。政策支持也为"前期服务商"提供了一个良好的营商环境，是创新成功的关键因素之一。"前期服务商"要深入理解政策，做好政策研究，充分利用政策资源，明确政策支持的方向和重点，从而找到适合自己的发展路径，以提高市场竞争力。其次，可以通过加强与政策制定者和政府机构的沟通和合作，增强政策导向性，使政策资源更加有利于企业的发展。同时，"前期服务商"还可以积极利用政府提供的资金支持、培训和技术支持等资源，为企业发展注入新动力。

总的来说，"前期服务商"应该深入地理解创新的本质和全过程，特别是创新的全过程中对市场信息的警觉性，对潜在创新机会的识别与开发，对社会网络关系的建立和对政策的理解等。因此，不断学习专业知识、借鉴他人经验，以提升自己的商业认知能力，进而提高创新成功率。

8.4 本章小结

基于第 7 章提出的 8 个"结论"，本章做了进一步的讨论。研究发现，"前期服务商"的创新机会识别的影响因素广泛，包括对行业需求变化的了解、行业经验、专业知识、学习认知能力、社会关系网络的建立，以及对政策的了解程度。通过深入分析市场信息，"前期服务商"依托个人的创造性思维和学习认知能力（即创新警觉性），能够发现并把握市场机会，也就是说创新警觉性对创新机会识别有显著影响。此外，"前期服务商"积极利用其社会网络加强机会识别能力，使识别的机会更精准并更具商业价值，也就是说社会网络在利用创新警觉性对创新机会识别的过程中起了调节作用。此外，"前期服务商"根据对政策、环境的了解，通过对项目痛点的分析，结合信息处理和专业能力，最终实现了创新成功。综合以上深圳轨道交通前期咨询服务案例分析，在中国特殊情境下，创新警觉性能显著提高"前期服务商"机会识别能力，进而实现创新成功，而社会网络和政策支持在其创新过程中起到了不可忽视的作用，能为新企业提供信息、资源和社会资本支持，有助于"前期服务商"实现资源效益最大化。

结　论

本文基于资源保存理论、社会认知理论和社会资本理论，研究"前期服务商"创新成功的机制路径。重点分析"前期服务商"创新警觉性、创新机会识别与创新成功之间的关系，并结合社会网络与相关政策的调节作用进行分析，以期更全面理解创新成功的机制路径，针对前文提出的三个研究问题，一一做出回应如下：

问题一：在轨道交通前期咨询服务企业的案例中，哪个关键因素显著影响"前期服务商"的创新机会识别？

创新警觉性、"前期服务商"特征等对其创新机会识别具有重要的作用。创新警觉性作为关键影响因素，显著影响着"前期服务商"识别机会的数量和质量。因此，"前期服务商"要成功识别创新机会，必须注重警觉能力的提升，社会网络是帮助其提高创新警觉性的重要来源之一。"前期服务商"与网络成员之间的互动直接影响到其对环境和信息的警觉能力，进一步影响其资源整合能力。本研究的结果证实，同质性的社会网络和异质性的社会网络都对创新警觉性与创新机会识别间的关系具有重要的调节作用，创新警觉性对创新机会识别的影响，通过社会网络这一路径得到了增强。

此外，"前期服务商"特征也对其创新机会识别起着不可替代的重要作用。在知识信息时代，"前期服务商"对市场信息的敏感程度、创造性思维能力、学习认知能力等都对其创新机会识别产生了重要影响。"前期服务商"个人拥有的知识越多，对市场信息越敏感，其创造性思维能力越强，学习认知和资源整合能力也越强，也就越能够通过构建和利用社会网络识别创新机会，由此可知，"前期服务商"个人特质对创新机会识别有显著影响作用。

综上所述，"前期服务商"的创造性思维特点、对市场信息的敏感程度，以及自身的学习认知能力，使其具备了高度的创新警觉性，这种警觉性帮助其进一步识别创新机会，进而走向创新成功。同时，在创新警觉性影响创新机会识别的过程中，"前期服务商"自身的同质性社会网络和异质性社会网络起了很强的推动作用。

问题二：对于"前期服务商"来说，准确识别创新机会，是否可以有效帮助其达成目标？

对于"前期服务商"来说，准确识别创新机会能显著帮助其达成创新目标。"前期服务商"除了需要具备足够的市场洞察力和敏锐的商业嗅觉，良好的执行力和抗压能力，以及团队合作精神和人际交往能力，还需要对行业进行深入分析，评估创新项目的可行性和风险，寻找项目的独特之处和竞争策略。也就是说，"前期服务商"还需不断捕捉和利用机会，通过运用个人特质与社会网络的有机结合来创办新企业。

在轨道交通前期咨询服务企业案例中，我们发现，"前期服务商"在识别出有价值的商业机会后，需要积极构建社会网络关系，包括同质性社会网络和异质性社会网络，并利用好社会网络关系为自己创新成功奠定基础。"前期服务商"在复杂的环境中感知并发现潜在商业机会后，积极构建关系网络能够促使其快速获得信息和资源，为其识别机会提供可能，在与社会网络成员的不断互动中，其可以获取新的信息与资源支持，这些都为创新成功提供了重要前提。

在人力资本理论视角下分析，不难发现，为了积极把握和发展潜在的市场机遇，"前期服务商"必定需要投入精力搭建合适的组织架构，而这样一个重大的组织营造过程，需要"前期服务商"的人力资本。在社会网络的支持下，"前期服务商"能够更好地利用社会资源，例如，异质性社交网络可以帮助"前期服务商"突破束缚，发现全新的、有创新性，且以前未曾涉足的创新机会，因此"前期服务商"在创新初期就利用自身异质性社会网络成立创新团队，整合各领域专项人才；除异质性社会网络外，"前期服务商"还积极利用同质性网络中的知名企业为自己做背书，获取客户资源方面的支持，提高资源获取和利用效率，增加创新成功的可能性。

也就是说，社会网络对"前期服务商"创新机会识别及创新成功都具有重要的调节作用。社会网络规模的扩大能够扩大创新资源的总量，丰富创新信息，使得机会识别和创新成功的可能性随之提升。此外，"前期服务商"在构建和利用社会网络的过程中，自身创新警觉性也在时刻变化，积极通过创新警觉性来提升创新机会识别的效率，"前期服务商"能够从社会网络中获得最新的市场信息，这直接影响到其对环境和信息的警觉能力。

综上所述，创新警觉性无疑是创新成功的先决条件和关键因素，且在这一过程中发挥着重要的前瞻性作用；同时，创新机会识别作为其中重要的一环，也处在两者之间，起到关键性的中介角色作用。因此，在准确识别创新机会后，"前期服务商"要想达到创新成功，还需要对机会保持高度且持续的警觉性，以便在创新过程中能够准确并恰当地利用商业机会。总的来说，创新过程中的各项因素相互交织、相互渗透，共同推进"前期服务商"的创新成功。

问题三：从"前期服务商"所具备的创新警觉性延伸到如何帮助其创新机会识别、阶段性达成创新目标的路径中，有哪些中国的情境因素？

通过轨道交通前期咨询服务企业案例研究发现，在将识别到的创新机会转换为成功的创新结果的过程中，"前期服务商"的社会网络及中国情境下特殊的政策支持起到了关键的作用。作为中国社会交往中的关键因素，政策和"关系"同时产生并存在于"前期服务商"的创新过程中。在"关系"网络中，也就是本研究所探讨的同质性社会网络和异质性社会网络，"前期服务商"的朋友、同事、熟人等关系均对其创新成功产生了重要影响，在轨道交通前期咨询服务行业中，"前期服务商"整合了房地产开发、轨道交通建设及政策研究三个领域的专业人才，这三类人才在行业内一般很少出现在同一个公司的同一业务部门，也就是说，异质性的创新团队是"前期服务商"识别创新机会并获得创新成功的一个显著且关键的因素。在同质性社会网络方面，"前期服务商"在选择合作伙伴时，注重与轨道交通类的专业机构的合作，这样的合作不仅能在项目过程中更加有效地与房地产开发商进行衔接，还能为前期咨询服务提供地铁建设方面的经验和宝贵意见，为实现项目的可持续性和盈利创造良好的条件，也就是说，同质性社会网络为深圳轨道交通前期咨询服务实现创新成功作了良好的背书。

此外，不同于完全的市场经济和完全的计划经济，政策对于企业创立和发展起着不可忽视的重要作用，政策有时候甚至决定某些行业的中小企业或民营企业能否继续生存下去。根据研究案例，在政策支持的背景下，城市定位、核心战略与行政管理强区放权特点等政策环境都为轨道交通前期咨询服务企业的创新发展营造了良好商业环境。一方面，强区放权、城市更新、土地整备的具体实施下放到各辖区政府，为企业获取项目提供了有利的空间。另一方面，城市更新方面的政策已逐步走向规范化和精细化，而轨道交通建设的快通道需要投入大量的资金，以财政补贴为主的投融资模式难以支撑。在此背景下，新的投融资模式，比如 TOD 为导向的轨道交通站城一体化开发，引导资源要素的合理流动并反哺轨道交通建设和运营，这些都将成为未来深圳城市发展的必然选择。也就是说，轨道交通建设是一个复杂的工程，需要多方主体参与，这也为深圳轨道交通前期咨询服务的创新发展提供了良好的机会。

然而，本研究也存在一定的局限性，首先，对创新机会识别的影响因素在创新成功路径的实证研究方面还不够全面。本研究根据轨道交通前期咨询服务行业的资料、"前期服务商"深度访谈等资料，分析提出具有轨道交通前期咨询服务行业特色的创新成功整合模型。通过对已有文献的全面细致研究及深度剖析，认为当前关于创新机会识别的探索及创新成功实践的研究已成为热门的话题，且仍在不断迈向更深层次实践与创新的研究过程中。众多国内外知名专家学者正试图从全方位、多角度来解答这样一个重要问题：究竟哪类因素或是哪些因素协同合作，方可有效地推动创新机会的准确识别并向创新成功转化呢？本研究仅针对具有深圳特色的轨道交通前期咨询服务企业进行研究，贡献了本土案例，该模型对于其他行业的咨询服务企业是否适用，有待进一步讨论。

参考文献

[1] ALVAREZ S A, BARNEY J B, ANDERSON P. Forming and exploiting opportunities: The implications of discovery and creation processes for entrepreneurial and organizational research [J]. Organization science, 2013, 24 (1): 301-317.

[2] ARDICHVILIA A, CARDOZOB R, RAYC S. A theory of entrepreneurial opportunity identification and development [J]. Journal of business venturing, 2003, 18 (1): 105-123.

[3] ARENIUS P, DE CLERCQ D. A Network-based approach on opportunity recognition [J]. Small business economics, 2005, 24: 249-265.

[4] BARON R A, ENSLEY M D. Opportunity recognition as the detection of meaningful patterns: Evidence from comparisons of novice and experienced entrepreneurs [J]. Management science, 2006, 52 (9): 1331-1344.

[5] BARON R A, WARD T B. Expanding entrepreneurial cognition's toolbox: Potential contributions from the field of cognitive science [J]. Sage journals, 2004, 28 (6): 553-573.

[6] BHAVE M P. A process model of entrepreneurial venture creation [J]. Journal of business venturing, 1994, 9 (3): 223-242.

[7] BROWN R, MAWSON S, ROWE, A. Start-ups, entrepreneurial networks and equity crowdfunding: A processual perspective [J]. Industrial marketing management, 2003, 80: 115-125.

[8] BRÜDERL J, PREISENDÖRFER P. Network support and the success of newly founded business [J]. Small business economics, 1998, 10 (3): 213-225.

[9] CHOI Y R, LÉVESQUE M, SHEPHERD D A. When should entrepreneurs expedite or delay opportunity exploitation [J]. Journal of business venturing, 2008, 23 (3): 333-355.

[10] CHRISTMANN P. Effects of "best practices" of environmental management on cost advantage: The role of complementary assets [J]. Academy of management journal, 2000, 43 (4): 663-680.

[11] COOPER A C, WOO C Y, DUNKELBERG W C. Entrepreneurs' perceived chances for success [J]. Journal of business venturing, 1988, 3 (2): 97-108.

[12] DAVIDSSON P, HONIG B. The role of social and human capital among nascent entrepreneurs [J]. Journal of business venturing, 2003, 18 (3): 301-331.

[13] DYER J H, SINGH H. The relational view cooperative strategy and sources of interorganizational competitive advantage [J]. Academy of management review, 1998, 23 (4): 660-679.

[14] DRUCKER P F. Innovation and entrepreneurship [M]. London: Routledge, 2014.

[15] GAGLIO C M, KATZ J A. The psychological basis of opportunity identification entrepreneurial alertness [J]. Small business economics, 2001, 16: 95-111.

[16] GIELNIK M M, FRESE M, GRAF J M, et al. Creativity in the opportunity identification

process and the moderating effect of diversity of information [J]. Journal of business venturing, 2012, 27 (5): 559-576.

[17] HALBESLEBEN J R B, WHEELER A R. I owe you one: Coworker reciprocity as a moderator of the day-level exhaustion-performance relationship [J]. Journal of organizational behavior, 2011, 32 (4): 608-626.

[18] HOBFOLL S E. Conservation of resource caravans and engaged settings [J]. Journal of Occupational and organizational psychology, 2011, 84 (1): 116-122.

[19] KAISH S, GILAD B. Characteristics of opportunities search of entrepreneurs versus executives: Sources, interests, general alertness [J]. Journal of business venturing, 1991, 6 (1): 45-61.

[20] LEE R T, ASHFORTH B E. A meta-analytic examination of the correlates of the three dimensions of job burnout [J]. The Journal of applied psychology, 1996, 81 (2): 123-133.

[21] LUMPKIN G T, LICHTENSTEIN B B. The role of organizational learning in the opportunity-recognition process [J]. Entrepreneurship theory and practice, 2005, 29 (4): 451-472.

[22] MITCHELL R K, BUSENITZ L W, BIRD B, et al. The central question in entrepreneurial cognition research 2007 [J]. Entrepreneurship theory and practice, 2007, 31 (1): 1-27.

[23] NEWBY R, WATSON J, WOODLIFF D. Developing an instrument to examine the goals of SME owner-operators [J]. Small enterprise research, 2012, 19 (2): 74-95.

[24] OZGEN E, BARON R A. Social sources of information in opportunity recognition effects of mentors, industry networks, and professional forums [J]. Journal of business venturing, 2007, 22 (2): 174-192.

[25] SPAGNOLI P, MOLINARO D. Negative (workaholic) emotions and emotional exhaustion: Might job autonomy have played a strategic role in workers with responsibility during the Covid-19 crisis lockdown [J]? Behavioral sciences, 2020, 10 (12): 192.

[26] PARKER S C. Entrepreneurship and economic theory [J]. Oxford review of economic policy, 2018, 34 (4): 540-564.

[27] RENKO M, SHRADER R C, SIMON M. Perception of entrepreneurial opportunity: A general framework [J]. Management decision. 2012, 50 (7): 1233-1251.

[28] ROSENSTEIN J, BRUNO A V, BYGRAVE W D, et al. The CEO, venture capitalists, and the board [J]. Journal of business venturing, 1993, 8 (2): 99-113.

[29] ROUNDY P T, HARRISON D A, KHAVUL S, et al. Entrepreneurial alertness as a pathway to strategic decisions and organizational performance [J]. Strategic organization, 2018, 16 (2): 1-35.

[30] SEMRAU T, WERNER A. How exactly do network relationships pay off? The effects of network size and relationship quality on access to start-up resources [J]. Entrepreneurship theory and practice, 2014, 38 (3): 501-525.

[31] SHAMSUDEEN K, KEAT O, HASSAN H. Entrepreneurial success within the process of opportunity recognition and exploitation An Expansion of entrepreneurial opportunity recognition

model [J]. International review of management and marketing, 2017, 7 (1): 107-111.

[32] SHANE S, VENKATARAMAN S. The Promise of entrepreneurship as a field of research [J]. Academy of management review, 2000, 25 (1): 171-184.

[33] SODA G, USAI A, ZAHEER A. Network memory: The influence of past and current networks on performance [J]. Academy of management journal, 2004, 47 (6): 893-906.

[34] STUART T E, HOANG H, HYBELS R C. Interorganizational endorsements and the performance of entrepreneurial ventures [J]. Administrative science quarterly, 2005, 44 (2): 315-349.

[35] TANG J, KACMAR K M M, BUSENITZ L. Entrepreneurial alertness in the pursuit of new opportunities [J]. Journal of business venturing, 2012, 27: 77-94.

[36] WITT P. Entrepreneurs'net works and the success of start-ups [J]. Entrepreneurship Regional development, 2004, 16 (5): 391-412.

[37] YEUNG I Y M, TUNG R L. Achieving business success in Confucian societies: The importance of guanxi (connections) [J]. Organizational dynamics, 1996, 25 (2): 54-65.

[38] ZHAO L, ARAM J D. Networking and growth of young technology-intensive ventures in China [J]. Journal of business ven turing, 1995, 10 (5): 100-130.

[39] 柏景, 罗盛文, 喻晓. 城市轨道交通沿线物业思考与实践 [M]. 西安: 西安交通大学出版社, 2010.

[40] 边燕杰. 城市居民社会资本的来源及作用: 网络观点与调查发现 [J]. 中国社会科学, 2004 (3): 136-146.

[41] 曾华玲. 创业者个人素质与创新成功之间的关系 [D]. 上海: 华东理工大学, 2013.

[42] 陈建安, 陈瑞, 陶雅. 创业成功界定与测量前沿探析及未来展望 [J]. 外国经济与管理, 2014, 36 (8): 3-13.

[43] 陈敏灵, 毛蕊欣. 创业警觉性、资源拼凑与创业企业绩效的关系 [J]. 华东经济管理, 2021, 35 (7), 46-55.

[44] 陈沛光. 微环境, 创业网络与创业绩效关系的实证研究 [D]. 长春: 吉林大学, 2012.

[45] 陈文沛. 关系网络与创业机会识别: 创业学习的多重中介效应 [J]. 科学学研究, 2016, 34 (9): 1391-1396.

[46] 丁明磊, 刘秉镰. 创业研究: 从特质观到认知观的理论溯源与研究方向 [J]. 现代管理科学, 2009 (8): 20-22.

[47] 方富熹. 儿童社会认知发展研究简介 [J]. 心理科学进展, 1986 (1): 10-17.

[48] 郭红东, 丁高洁. 社会资本、先验知识与农民创业机会识别 [J]. 华南农业大学学报 (社会科学版), 2012, 11 (3): 78-85.

[49] 郭庆军, 赛云秀. 我国城市地铁交通的发展分析 [J]. 交通企业管理, 2007 (1): 26-27.

[50] 郭云南, 张晋华, 黄夏岚. 社会网络的概念, 测度及其影响: 一个文献综述 [J]. 浙江社会科学, 2015 (2): 122-132.

[51] 韩晓晶. 地铁上盖物业设计探讨 [J]. 山西建筑, 2011 (24): 22-23.

[52] 贺建风, 陈茜儒. 认知能力、社会网络与创业选择 [J]. 世界经济文汇, 2019 (4): 85-103.

[53] 黄季伸，罗志红，胡冰凌．我国工程咨询行业 40 年回顾与展望［J］．中国勘察设计，2018（12）：68-73．

[54] 黄洁，蔡根女，买忆媛．谁对返乡农民工创业机会识别更具影响力：强连带还是弱连带［J］．农业技术经济，2010（4）：28-35．

[55] 姜忠辉，张家琦，罗均梅．工作繁荣视角下创业文化如何影响员工内部创业：创业警觉性的调节作用［J］．科技进步与对策，2024（4）：111-119．

[56] 金广君．TOD 发展模式解析及其创作实践［J］．规划设计，2003，12（19）：68-70．

[57] 李晓侠．关于社会认知理论的研究综述［J］．阜阳师范学院学报（社会科学版），2005（2）：87-89．

[58] 李兆友，王建．地铁与城市［M］．沈阳：东北大学出版社，2009．

[59] 林嵩，姜彦福，张帏．创业机会识别：概念、过程、影响因素和分析架构［J］．科学学与科学技术管理，2005（6）：128-132．

[60] 林嵩，张帏，邱琼．创业过程的研究评述及发展动向［J］．南开管理评论，2004（3）：47-50．

[61] 林嵩．创业机会识别研究：基于过程的观点［J］．中南民族大学学报（人文社会科学版），2007（5）：129-132．

[62] 林嵩．基于创业过程分析的创业网络演化机制研究［J］．科技进步与对策，2010，27（16）：5-8．

[63] 刘戈，金明浩．外商投资企业 BOT 项目公司土地使用权法律问题浅析［J］．理论月刊，2007（3）：157-159．

[64] 刘金玲，梁青槐，邓文斌．城市轨道交通与土地利用联合开发的筹资途径［J］．北京交通大学学报（社会科学版），2004，3（2）：61-64．

[65] 刘万利，胡培，许昆鹏．创业机会识别研究评述［J］．中国科技论坛，2010（9）：121-127．

[66] 刘向阳．地铁物业开发的思考［J］．中国房地产金融，2009（3）：10-23．

[67] 刘应宗，周晓丽．运用 BT 模式进行城市轨道交通建设［J］．重庆交通大学学报（社会科学版），2007，7（3）：15-18．

[68] 刘宇娜，张秀娥．创业意愿、创业机会识别与创业行为关系的实证研究［J］．税务与经济，2018（2）：48-55．

[69] 陆锡明．亚洲城市交通模式［M］．上海：同济大学出版社，2009．

[70] 马光荣，杨恩艳．社会网络、非正规金融与创业［J］．经济研究，2011，46（3）：83-94．

[71] 苗莉，何良兴．草根创业者社会网络对创业机会识别的影响及机理［J］．财经问题研究，2015（8）：117-123．

[72] 苗青．规则聚焦对创业决策的影响机制［J］应用心理学，2006（3）：232-238．

[73] 苗青．企业家的警觉性：机会识别的心理图式［J］．人类工效学，2008（1）：6-9．

[74] 彭莉．轨道交通与地铁上盖物业联合开发的设想［J］．中华建设，2005（2）：34-35．

[75] 申建平，孙毅．建设用地使用权宅基地使用权［M］．北京：中国法制出版社，2007．

[76] 沈超红，罗亮．创业成功关键因素与创业绩效指标研究［J］．中南大学学报（社会科学版），2006，12（2）：231-235．

[77] 盛宇平. 深圳轨道交通建设"地铁+物业"模式前期研究工作的探讨 [J]. 现代城市轨道交通, 2011 (4)：105-107.

[78] 史家宁. 香港地铁盈利模式的正外部性分析 [J]. 铁道运输与经济, 2011, 33 (6)：81-85.

[79] 孙国翠, 王兴元. 女性创业成功影响因素分析 [J]. 东岳论丛, 2012, 33 (2)：153-157.

[80] 王国红, 周怡君, 邢蕊. 社会网络强弱关系对创新性机会识别的影响 [J]. 科技进步与对策, 2018, 35 (19)：8-14.

[81] 王竞一, 张东生. 行业经验、创业经验对创业机会识别影响综述 [J]. 商业经济研究, 2015 (28)：95-96.

[82] 王孜, 黎赔肆, 孙拼. 社会网络与机会识别的关系：基于企业家学习和情绪的影响机制研究 [J]. 经营与管理, 2018 (6)：58-61.

[83] 魏喜武, 陈德棉. 创业警觉性与创业机会的匹配研究 [J]. 管理学报, 2011, 8 (1)：133-136.

[84] 魏喜武. 创业警觉性研究前沿探析与相关命题的提出 [J]. 外国经济与管理, 2009, 31 (5)：8-14.

[85] 袭喆. 地铁上盖物业项目开发的探讨 [J]. 天津科技, 2010 (4)：42-43.

[86] 夏朝阳. 城市轨道交通与土地资源综合开发研究 [M]. 上海：同济大学出版社, 2006.

[87] 徐凤增, 周键. 创业者自我效率感对企业绩效的影响 [J]. 山东大学学报（哲学社会科学版）, 2013 (5)：115-124.

[88] 徐凤增, 周键. 创业导向、创业警觉性与企业成长关系研究 [J]. 中央财经大学学报, 2016 (11)：114-122.

[89] 许成磊, 张超, 郭凯, 等. 政策支持、创业激情与技术创业成功：政策感知的调节作用 [J]. 科技进步与对策, 2022, 39 (14)：94-104.

[90] 杨莉萍, 亓立东, 张博. 质性研究中的资料饱和及其判定 [J]. 心理科学进展, 2022, 30 (3)：511-521.

[91] 叶霞飞, 胡志辉, 顾保南. 日本城市轨道交通建设融资模式与成功经验剖析 [J]. 中国铁道科学, 2002 (4)：126-131.

[92] 于晓宇, 陶向明, 李雅洁. 见微知著？失败学习、机会识别与新产品开发绩效 [J]. 管理工程学报, 2019, 33 (1)：51-59.

[93] 张红, 葛宝山. 创业机会识别研究现状述评及整合模型构建 [J]. 外国经济与管理, 2014, 36 (4)：15-24.

[94] 张泓, 刘勇, 谢建光. 基于可持续发展的城市轨道交通盈利模式研究 [J]. 都市快轨交通, 2007, 20 (5)：9-13.

[95] 张建伟, 陈琦. 从认知主义到建构主义 [J]. 北京师范大学学报：社会科学版, 1996 (4)：75-82.

[96] 张静宜, 李睿, 陈传波. 先前经验、政策支持与返乡创业机会识别 [J]. 调研世界, 2021 (9)：32-38.

[97] 张文宏, 李沛良, 阮丹青. 城市居民社会网络的阶层构成 [J]. 社会学研究, 2004 (6)：1-10.

[98] 张秀娥, 王勃. 创业警觉性、创造性思维与创业机会识别关系研究 [J]. 社会科学战线, 2013

(1): 78-84.

[99] 张秀娥, 王超. 创业警觉性、创业机会识别与创业成功 [J]. 苏州大学学报（哲学社会科学版）, 2019, 40 (2): 99-108.

[100] 张秀娥, 赵敏慧. 创业学习, 创业能力与创业成功间关系研究回顾与展望 [J]. 经济管理, 2017, 39 (6): 194-208.

[101] 张秀娥. 创业者社会网络对新创企业绩效的影响机制 [J]. 社会科学家, 2014 (3): 12-17.

[102] 张玉利, 杨俊, 任兵. 社会资本、先前经验与创业机会：一个交互效应模型及其启示 [J]. 管理世界, 2008 (7): 91-102.

[103] 张远飞, 宋平, 于丽. 武汉城市轨道交通物业联合开发的空间布局模式 [J]. 当代经济, 2010 (13): 150-152.

[104] 赵红丹, 江苇. 职场中的公民压力 [J]. 心理科学进展, 2017, 25 (2): 312-318.

[105] 赵立祥, 张芸笛. 既有知识、创业警觉性、创造性思维对创业机会识别的影响研究 [J]. 科技管理研究, 2017, 37 (8): 193-200.

[106] 郑捷奋, 刘洪玉. 香港轨道交通与土地资源的综合开发 [J]. 中国铁道科学, 2002, 23 (5): 1-5.

[107] 周冠成. 创造新生活方式与城市发展共赢 [J]. 都市快轨交通, 2003 (3): 15-18.

[108] 周素红, 杨利军. 城市开发强度影响下的城市交通 [J]. 城市规划学刊, 2005 (2): 75-81.

[109] 朱仁宏. 创业研究前沿理论探讨：定义、概念框架与研究边界 [J]. 管理科学, 2004 (4): 71-77.

[110] 朱晓红, 陈寒松, 张玉利. 异质性资源、创业机会与创新绩效关系研究 [J]. 管理学报, 2014, 11 (9): 1358-1365.

后 记

深圳，这座充满活力的城市，以其创新精神和快速发展吸引了全球的目光。我的故事，就发生在这样的背景下。自2009年起，我的主要研究方向致力于深圳城市更新、土地整备、棚户区改造和深圳轨道交通前期咨询服务的专业化探索与实践。在此期间，我和我的团队对大量访谈数据、政策法范、典型案例进行了编码分析，发现了轨道交通枢纽站点周边土地具有二次开发利用的巨大潜力。

在深圳轨道交通工程建设过程中，深圳地铁集团及相关行政单位普遍认同，轨道交通工程管理流程为：前期工程可行性研究—工程立项—方案设计—初步设计—施工图设计—工程招标投标—工程建设—设备联调及验收—开通运营。而在企业管理中，深圳轨道交通前期咨询服务的实践一直是我们关注的焦点。行政审批部门、地铁公司、设计院、参建单位等在前期可行研究主要是基于自身专业、行业规范、行政法规等为基础，在考虑并结合市场主体、商业开发用地与地铁建设工程之间冲突与需求并不充分，各方前期研究工作往往会止步于某些特定阶段。行政管理层面，轨道交通工程建设主要依托政府特设机构"轨道办"统筹协调解决在征拆压力、规划调整、工程管理等综合矛盾。许多市场主体、房地产开发企业因对轨道交通专业的管理流程、行业规范、审批流程、工程节点并不熟悉，在其项目与轨道交通工程建设遇到冲突与困惑时，他们往往会陷入一头雾水的困境。早期，这些问题并不非常突出。但随着城市化进程的加速和交通基础设施的快速发展，轨道交通项目在城市发展中扮演着越来越重要的角色。市场各方利益的博弈、政策法规的更替交锋、报批报建与工程建设节点倒挂等问题，犹如散落一地的珠子，没有一条专业的管理线索。

在我们多年从业经验中，发现目前全国轨道交通行业的前期研究通常会立足于市政交通设施、民生工程建设的宏观层面分析，缺乏对与其工程建设在衔接市场主体、商业开发、投资物业等专业的细致研究，缺乏与市场需求适配的项目组织与实证的商业管理经验。于是，在政府、地铁公司、市场主体三方关系中，寻求多方共赢的创新管理模式已成为刻不容缓的议题。

本书的主要目的是通过组织与管理的案例研究、文献研究的方法，对具有私营性质的深圳轨道交通前期咨询服务商进行系统的分析和总结，思考它的发展历程、商业模式、管理路径在轨道交通行业应用中的学术价值。通过运用 MAXQDA 作为研究工具，我们试图揭示这些私营前期咨询服务商在企业管理中的作用和价值，并得出了一系列有意义的结论。我们相信，这些研究成果不仅能够为学术界提供新的视角，也能够为轨道交通项目的管理者和决策者提供有价值的参考。

过去十余年里，我在行业中跌跌撞撞，起起伏伏，一边实践一边通过申博来督促自己深化专业研究，因此，这本书是我在学习与探索、实践中形成的成果。在这段学术探索的旅程中，我深受三位杰出人士的影响。第一位是我的博士导师，华南理工大学李敏教授，她以其深邃的学术见解和严谨的研究态度，教会我如何运用 MAXQDA 研究工具在组织与实证管理方法上完成了创新管理方面的学术研究。李教授为师谦和、教学细致、耐心辅导，几次差点想放弃时她给予我莫大精神支持与帮助。第二位是我深感敬意与缅怀的职业导师钟卫红女士，她提供了许多在轨道交通征拆工作中的行政管理经验，在学术专业上为我引路搭桥。在此，也借由这本书的出版缅怀并致敬钟卫红女士，她的智慧和经验对我来说是无价的财富。第三位是本书第二作者林强博士，他在政策研究、案例分析、行政审批等方面的丰富经验为我提供了大量素材、研究意见，本书第一章、第四章内容主要得益于林强博士的协助，是他与我共同完成了这本学术专著的出版。

在此，我要感谢所有支持和帮助我完成这项研究的人。同时，也要感谢我的家人，他们的理解和支持是我能够坚持研究的动力。期望这本书能够激发更多关于深圳轨道交通前期咨询服务的讨论和研究。最后，衷心希望这本书能够对您的研究或实践有所帮助。

李 坡
2024 年 10 月 10 日